鱼类保护区河道整治工程栖息地模拟与评价

邢岩 吕彪 肖章玲 黄湘 刘飞 ◎著

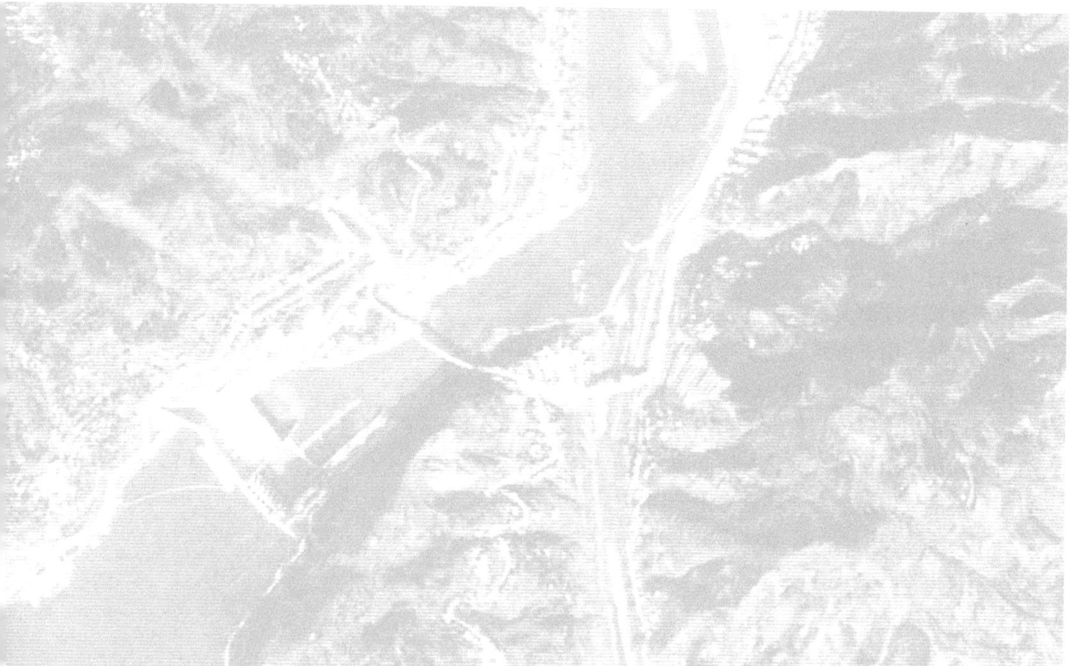

·南京·

图书在版编目(CIP)数据

鱼类保护区航道整治工程栖息地模拟与评价 / 邢岩等著. -- 南京：河海大学出版社, 2025.4. -- ISBN 978-7-5630-9699-2

Ⅰ.U617;Q178.51

中国国家版本馆 CIP 数据核字第 2025DB9602 号

书　　名	鱼类保护区航道整治工程栖息地模拟与评价
	YULEI BAOHUQU HANGDAO ZHENGZHI GONGCHENG QIXIDI MONI YU PINGJIA
书　　号	ISBN 978-7-5630-9699-2
责任编辑	高晓珍
装帧设计	徐娟娟
特约校对	曹　丽
出版发行	河海大学出版社
地　　址	南京市西康路 1 号(邮编:210098)
电　　话	(025)83737852(总编室)　(025)83722833(营销部)
经　　销	江苏省新华发行集团有限公司
排　　版	南京布克文化发展有限公司
印　　刷	广东虎彩云印刷有限公司
开　　本	710 毫米×1000 毫米　1/16
印　　张	8
字　　数	140 千字
版　　次	2025 年 4 月第 1 版
印　　次	2025 年 4 月第 1 次印刷
定　　价	78.00 元

前言

作为线性交通基础设施,内河航道需按技术等级建设满足船舶安全航行的航线和航道尺度,不可避免占用天然河道和水域,面临水产种质资源保护区穿越的问题。按照《水产种质资源保护区管理暂行办法》(中华人民共和国农业部令2011年第1号)第十六条规定:"在水产种质资源保护区内从事修建水利工程、疏浚航道、建闸筑坝、勘探和开采矿产资源、港口建设等工程建设的……,应当按照国家有关规定编制建设项目对水产种质资源保护区的影响专题论证报告,并将其纳入环境影响评价报告书。"因此,提出技术经济可行且符合保护区水生生物资源保护规定的航道工程设计方案,开发与保护并重,不仅能够保证航道工程项目顺利推进,也是水路交通行业可持续发展的需要。水产种质资源保护区是水产种质资源就地保护的一种有效形式。开展航道工程设计方案对鱼类栖息地影响评价研究具有实际意义。

航运开发作为水资源综合利用的重要方面,通过航道工程建设改变特定水流状况下的水深和流态,从而形成供船舶安全顺畅航行的运输通道。传统的航道工程以水运通道建设为单一目标,较少甚至不考虑工程建设对水域生态环境方面的影响,未曾对航道工程设计方案进行过减缓生态环境影响的优化调整。当前,我国绿色航道建设正在各地广泛开展,而水产种质资源保护区内航道工程整治最为突出和迫切,也最具代表性,破解水产种质资源保护区内航道工程实施难题,是航道工程科研面临的新任务和新挑战,有助于对绿色航道建设形成带动作用。水产种质资源保护区内航道工程设计方案研究涉及航道工程学与鱼类生态学的学科交叉。工程方案的生态影响如何考虑?工程方案的生态影响如何量化?生态影响的量化采用何种工具?如何评价工程方案生态影响的优劣等均是研究工作面临的问题。针对上述问题,本书以乌江黄颡鱼国家级水产种质资源保护区内乌江航运扩能工程为例,试图开展鱼类保护区内航道整治工程栖息地评价研究。

乌江是国家规划的"四纵四横两网"高等级航道的重要组成部分,是全国内河航道的核心和骨干。乌江航道是黔渝物资集散的主要通道和经济文化交流的重要纽带。2013年,贵州境内乌江流域9大水电站全部建设完毕。梯级电站开发一度使乌江干流航道处于分段通航状态。2014年9月,乌江渡—龚滩航运建设工程完工,乌江航道等级提升为四级,船舶通行能力达到500吨,乌江正式与全国高等级航道完成"并网",乌江水运复苏进入了快车道。2015年,乌江构皮滩翻坝运输系统工程建成投用;2016年,乌江思林、沙沱升船机相继建成投用,乌江在断航13年后,实现了全线复航。2021年6月,乌江构皮滩水电站通航工程建成投入试运行。至此,贵阳、遵义等地的500吨级船舶可依次通过构皮滩、思林、沙沱、彭水,在重庆涪陵进入长江,标志着贵州"北入长江"水运大通道全面贯通。2024年4月,为提升乌江航运能力,保障通航安全,助力推进"公转水"运输方式转换,促进沿线区域经济社会发展,乌江航运扩能工程将乌江渡—龚滩由目前的四级航道提升至三级,可通航1 000吨级船舶,计划整治乌江干流乌江渡—龚滩407 km航道和支流清水河洛旺河码头—河口24 km航道,共计431 km航道。其中,彭水库区回水变动区偏岩脚滩段、严家背—于溪沟滩段、猫滩—沙溪子滩段、磨子路滩—三门子滩段、羊跳石滩、小河口滩、新木滩段设计航道位于乌江黄颡鱼国家级水产种质资源保护区内。

为乌江航运扩能工程提供技术支撑,保障航道工程设计方案满足水生生物资源保护要求,实现航道开发与保护双重目标,本书主要的创新性成果包括:(1)提出了影响目标鱼类栖息的关键生境因子,以及鱼类对不同生境因子的喜好程度。(2)建立了鱼类关键生境因子的演化模拟与栖息地数量(面积)、结构(连通性)和功能(不同生活史阶段鱼类)三个方面的评价原则。(3)提出了航道整治工程栖息地重构布局设计方案。全书共分为七章。第一章介绍本书的研究背景和意义、研究任务和主要研究内容;第二章介绍国内外航道工程生态保护相关研究进展;第三章介绍乌江黄颡鱼国家级水产种质资源保护区的基本状况;第四章介绍鱼类栖息地评价模型方面的研究;第五章介绍航道工程对鱼类保护区江段栖息地总体评价研究;第六章介绍重点滩段航道工程对鱼类保护区栖息地评价研究;第七章为结论与建议。本书前言由邢岩执笔,第一章由肖章玲执笔,第二章由邢岩、吕彪执笔,第三章由刘飞、黄湘执笔,第四章由吕彪、邢岩执笔,第五章由邢岩、肖章玲执笔,第六章由吕彪、肖章玲执笔,第七章由邢岩执笔。全书由邢岩负责统稿与校核。

本书的编写和出版得到了广西重点研发计划(桂科AB22035084)和贵州省

交通运输厅科技项目(2021-221-013、2024-221-025)的资助,河海大学出版社也对本书的顺利出版给予了大量帮助,作者在此致以衷心的感谢。

  本书在编写过程中参阅了大量的国内外研究文献,在此深表感激,一并致谢。由于资料庞杂,难免存在疏漏之处。同时,由于作者水平有限,书中不妥之处,恳请读者批评指正。

作　者

2024 年 12 月

目录

第一章 绪论 ········· 001
  1.1 背景和意义 ········· 002
  1.2 研究任务 ········· 005

第二章 国内外研究进展 ········· 007
  2.1 引言 ········· 008
  2.2 国内航道工程生态保护历程与现状 ········· 010
  2.3 国外航道工程生态保护历程与现状 ········· 013
  2.4 几个关键问题研究进展 ········· 014
    2.4.1 平面布局 ········· 014
    2.4.2 生态整治坝体 ········· 016
    2.4.3 生态护岸（护滩） ········· 018
    2.4.4 模型研究 ········· 020
    2.4.5 生态航道评价 ········· 022

第三章 乌江黄颡鱼国家级水产种质资源保护区状况 ········· 037
  3.1 引言 ········· 038
  3.2 保护区基本情况 ········· 038
  3.3 黄颡鱼生物学和生态学习性 ········· 041
  3.4 保护区水生态调查 ········· 044
    3.4.1 调查内容与范围 ········· 044
    3.4.2 调查成果 ········· 047
  3.5 小结 ········· 050

第四章 鱼类栖息地评价模型 ····· 051
4.1 引言 ····· 052
4.2 平面二维水动力数学模型 ····· 052
4.2.1 控制方程离散 ····· 053
4.2.2 基于非结构化网格的高分辨率格式的构造 ····· 053
4.2.3 求解步骤 ····· 058
4.3 黄颡鱼产卵栖息地适宜度 ····· 058
4.4 保护区江段长河段数学模型 ····· 059
4.5 保护区局部滩段数学模型 ····· 061
4.6 模型验证 ····· 065
4.7 模拟工况 ····· 073
4.7.1 长河段模拟工况 ····· 073
4.7.2 局部滩段模拟工况 ····· 074
4.8 小结 ····· 075

第五章 保护区长河段栖息地模拟评价 ····· 077
5.1 引言 ····· 078
5.2 保护区江段航行水流条件变化 ····· 078
5.3 保护区江段栖息地总体规模变化 ····· 080
5.4 保护区江段栖息地分布变化 ····· 080
5.5 小结 ····· 085

第六章 保护区局部滩段栖息地模拟评价 ····· 087
6.1 引言 ····· 088
6.2 滩段现状模拟与评价 ····· 088
6.2.1 设计流量航道尺度与通航条件 ····· 088
6.2.2 设计流量栖息地适宜度 ····· 092
6.3 设计方案模拟与评价 ····· 094
6.3.1 设计流量航道尺度与通航条件 ····· 094
6.3.2 黄颡鱼产卵栖息地评价 ····· 098
6.4 小结 ····· 110

第七章　结论与建议 ··· 111
　　7.1　结论 ··· 112
　　7.2　建议 ··· 113

参考文献 ··· 114

第一章

绪论

1.1 背景和意义

乌江是国家规划的"四纵四横两网"高等级航道的重要组成部分,是全国内河航道的核心和骨干。乌江航道自古就是乌江沿岸人民出行的主要交通要道,是黔渝物资集散的主要通道和经济文化交流的重要纽带。2013年,贵州境内乌江流域9大水电站全部建设完毕。梯级电站开发一度使乌江干流航道处于分段通航状态,乌江航运发展遭受严重影响。2014年9月,乌江渡—龚滩航运建设工程完工,乌江航道提升为四级,船舶通行能力达到500吨,乌江正式与全国高等级航道完成"并网",乌江水运复苏进入了快车道。2015年,乌江构皮滩翻坝运输系统工程建成投用;2016年,乌江思林、沙沱升船机相继建成投用,乌江在断航13年后,实现了全线复航。2021年6月22日,乌江构皮滩水电站通航工程建成投入试运行。至此,贵阳、遵义等地的500吨级船舶可依次通过构皮滩、思林、沙沱、彭水,在重庆涪陵进入长江,标志着贵州"北入长江"水运大通道全面贯通,贵州"通江达海梦"照进现实。

2024年4月,贵州省发展和改革委员会以黔发改交通〔2024〕202号文件批复了《关于乌江航运扩能工程乌江渡—龚滩三级航道建设工程可行性研究报告》。文件认为乌江航运扩能工程乌江渡—龚滩三级航道建设工程符合《全国内河航道与港口布局规划》《水运"十四五"发展规划》《贵州省"十四五"综合交通运输体系发展规划》,同意乌江航运扩能工程乌江渡—龚滩航道建设工程按三级航道标准(通航1 000吨级船舶)整治乌江干流乌江渡—龚滩407 km航道和支流清水河洛旺河码头—河口24 km航道,共计431 km航道。项目估算总投资91 430.11万元。

水产种质资源保护区是水产种质资源就地保护的一种有效形式。原中华人民共和国农业部(以下简称"农业部")从2007年起将水产种质资源保护区划定工作作为水生生物资源保护方面的一项重要举措加以推进。自2007年12月,农业部以〔农业部公告第947号〕公布国家级水产种质资源保护区(第一批)名单以来,截至2019年9月,中华人民共和国农业农村部共公布十一批535处国家级水产种质资源保护区。这些保护区可保护上百种国家重点保护渔业资源种类及其产卵场、索饵场、越冬场、洄游通道等关键栖息场所,保护面积10多万平方千米,构建了覆盖海洋和内陆主要水域的水产种质资源保护网络,国家级水产种质资源保护体系已初具规模。贵州省自2009年设立首个国家级水产种质资源保护区以来,目前已在全省范围内设立了八批共24处国家级水产种质资源保护区。乌江黄颡鱼国家级水产种质资源保护区设立于2014年,保护区总面积859公顷,保护区位于贵州省铜仁市沿河土家族自治县思渠镇的暗溪河口至淇滩镇的沙坨大坝江段及乌江一级支流白泥河、坝沱河,主要保护对象为黄颡鱼。

彭水库区回水变动区航道整治工程是乌江渡—龚滩三级航道建设工程的重要组成部分,其位于乌江黄颡鱼国家级水产种质资源保护区核心区,航道工程方案设计需考虑工程实施对保护区鱼类资源的影响,协调航道开发与生态保护间的关系。

建设生态文明是中华民族永续发展的千年大计。十八大以来,中共中央把生态文明建设作为统筹推进"五位一体"总体布局和协调推进"四个全面"战略布局的重要内容,生态文明理念日益深入人心,污染治理力度之大、制度出台频度之密、监管执法尺度之严、环境质量改善速度之快前所未有,推动生态环境保护发生历史性、转折性、全局性变化。十九大报告作出加快生态文明体制改革、推进绿色发展、建设美丽中国的战略部署,为建设美丽中国提供了根本遵循和行动指南,更是首次把美丽中国作为建设社会主义现代化强国的重要目标。二十大报告强调:"大自然是人类赖以生存发展的基本条件。尊重自然、顺应自然、保护自然,是全面建设社会主义现代化国家的内在要求。必须牢固树立和践行绿水青山就是金山银山的理念,站在人与自然和谐共生的高度谋划发展。"

2019年9月,中共中央、国务院印发的《交通强国建设纲要》提出强化交通生态环境保护修复。严守生态保护红线,严格落实生态保护和水土保持措施,严格实施生态修复、地质环境治理恢复与土地复垦,将生态环保理念贯穿交通基础设施规划、建设、运营和养护全过程。推进生态选线选址,强化生态环保设计,避让耕地、林地、湿地等具有重要生态功能的国土空间。建设绿色交通廊道。

2020年5月,交通运输部印发的《内河航运发展纲要》(交规划发〔2020〕54号)提出强化内河航运生态保护修复。严守生态保护红线,将资源节约和保护环境的理念贯穿于内河水运规划、设计、施工、养护和运营全过程,推进绿色航道、绿色港口建设。推进早期建设航运设施的生态修复工程,强化对重要生态功能区的生态保护与修复。

2021年2月,中共中央、国务院印发的《国家综合立体交通网规划纲要》要求推进绿色低碳发展。促进交通基础设施与生态空间协调,最大限度保护重要生态功能区、避让生态环境敏感区,加强永久基本农田保护。实施交通生态修复提升工程,构建生态化交通网络。构建生态化交通网络是交通基础设施未来15

年的重点内容,要求到 2035 年,交通基础设施绿色化建设比例达到 95%。

2021 年 10 月,交通运输部印发的《绿色交通"十四五"发展规划》(交规划发〔2021〕104 号)提出要深入推进绿色港口和绿色航道建设。加大绿色航道建设新技术、新材料、新工艺和新结构引进和研发力度,积极推动航道治理与生境修复营造相结合,加快推广航道工程绿色建养技术,优先采用生态影响较小的航道整治技术与施工工艺,推广生态友好型新材料、新结构在航道工程中的应用,加强水生生态保护,及时开展航道生态修复和生态补偿。

贵州省作为全国首批省级生态文明先行示范区,提出生态建省、大生态的发展战略,通过将生态保护理念融入航道规划、设计施工、管理、运营和维护等航道开发全过程,实现贵州省航道提等升级与河流生态保护相协调,是贵州省在水运建设领域落实生态优先、绿色发展的重大举措,具有重要的环保和社会效益。乌江是国家规划的"四纵四横两网"内河高等级航道重要组成部分,是贵州省"两主三辅"出省水运主通道的骨干。2022 年 1 月发布的贵州省《"十四五"水运交通发展规划》要求"十四五"时期水运交通围绕"八大系统"发展目标,集中力量推进乌江、南北盘江—红水河航道提等升级,开工建设思林、沙沱、龙滩水电站 1 000 吨级通航建筑物,力争实现干线航道 1 000 吨级船舶全线通航。开工建设乌江三级航道建设工程,建设思林至龚滩段三级航道及信息化等支持保障系统工程。2022 年 9 月印发的《贵州省水运体系发展行动方案》提出推进乌江航道升级改造。启动乌江三级航道工程,力争 2023 年开工建设,2025 年建成。

2014 年批准设立的乌江黄颡鱼国家级水产种质资源保护区是乌江干流唯一的一处国家级水产种质资源保护区,规划的 1 000 吨级航线将不可避免地穿越保护区,为满足保护区内航道尺度和流态改善所开展的航道工程也将会不可避免地受到影响。根据现行的《水产种质资源保护区管理暂行办法》(中华人民共和国农业部令,2011 年第 1 号)第十六条规定"在水产种质资源保护区内从事修建水利工程、疏浚航道、建闸筑坝、勘探和开采矿产资源、港口建设等工程建设的,或者在水产种质资源保护区外从事可能损害保护区功能的工程建设活动的,应当按照国家有关规定编制建设项目对水产种质资源保护区的影响专题论证报告,并将其纳入环境影响评价报告书"。

为此,需专门针对航道整治工程对鱼类栖息生境的影响问题,以乌江航道提等扩能工程为依托,在明确工程位点鱼类生境条件关键因子及其适宜范围的基础上,以鱼类栖息生境的演化模拟为工具,以栖息地数量、结构和功能为评价原则,开展航道整治工程栖息地构建方法研究,从而指导航道整治工程布局和设计参数优化,为航道工程生态保护提供技术支撑和科学依据。

1.2 研究任务

本研究以乌江航道提等扩能工程为依托,开展关于该工程对乌江黄颡鱼国家级水产种质资源保护区影响的专题论证,以及为依托工程航道整治工程方案的制定与设计参数的确定提供参考。主要完成以下 3 项任务。

(1) 目标鱼类关键生境因子及其适宜度。水生生物,特别是珍稀特有鱼类及其关键生境条件,是航道整治工程生态影响预测和后评估的基础。只有建立起不同生境条件与鱼类组成和资源量的关系,确定工程位点鱼类生境条件的关键因子和适宜范围,才能为航道整治工程不同整治方案和参数调整提供支撑。因此,借助鱼类生境条件调查资料,并结合鱼类生理和行为习性研究成果,确定影响目标鱼类栖息的关键生境因子以及鱼类对不同生境因子的喜好程度,是开展鱼类栖息地评价研究的一项基础性工作。

(2) 鱼类栖息地演化模拟与评价原则。依据上述目标鱼类关键生境因子及其适宜度研究成果,利用物理栖息地模型定量分析鱼类对不同生境条件的喜好程度,模拟评价不同航道整治工程方案下工程位点鱼类群落的适宜生境数量、结构和功能变化与范围,为航道工程生态建设提供支撑。因此,鱼类关键生境因子的演化模拟与栖息地数量(面积)、结构(连通性)和功能(不同生活史阶段鱼类)三个方面的评价原则是开展栖息地评价研究的重要工具和判别依据。

(3) 航道整治工程栖息地重构布局方法。不同的航道整治工程(如筑坝、疏浚、清礁等)将导致工程位点水文条件、底质组成和河道结构产生明显的变化,对工程位点鱼类生境条件和功能的影响也有显著差异。在整治工程方案布置阶段,通过调整整治工程的布局和设计参数,结合珍稀特有鱼类对关键生境因子的喜好程度,进行鱼类栖息地重构,从而实现航道整治目标和鱼类生境保护的统一。因此,航道整治工程栖息地重构布局方法是基于栖息地评价成果,指导航道整治工程开展鱼类生境保护的重要手段。

第 二 章

国内外研究进展

2.1 引言

内河航运作为河流水资源综合利用的重要手段,以其"占地少、耗能低、污染小、成本低、运量大"的比较优势,在现代综合交通运输体系中具有不可替代的重要地位。长江是我国内河航运最发达的水系,干支流通航里程超过 7 万 km,货运量占全国内河货运量的 60% 左右,2020 年长江干线年货物通过量突破 30 亿吨,稳居世界内河首位。长江航道作为沟通我国东、中、西部地区的运输大动脉,是构建长江经济带综合立体交通走廊的主骨架,长江黄金水道的航运功能具有独特优势和巨大发展潜力,在长江流域乃至全国经济社会发展中的地位极其重要。长江航运对全国航运发展具有引领作用。《长江经济带发展规划纲要》把"提升长江黄金水道功能"放在综合交通体系最突出的位置,要求全面推进干线航道系统化治理,围绕破解下游"卡脖子"、中游"梗阻"、上游"瓶颈"问题,实施重大航道整治浚深工程,进一步提升干线航道通航能力。

但长江流域生态环境形势依然严峻,长江黄金水道建设面临着严格的外部环境约束。主要表现在:(1)水环境超载现象凸显。长江流域污水排放总体呈上升趋势,河湖水体水质呈现总体好转、局部恶化态势,湖库水体富营养化程度加剧,水质安全面临严峻挑战。长江流域规模以上排污口 8 000 多个,2016 年污水排放总量达 353 亿吨,相当于一条黄河的水量。2017 年劣于Ⅲ类水河长占长江流域总河长的 16%。85% 的湖泊和 33% 的水库呈中、轻度富营养状态。长江中下游 77% 的化学工业园区集中分布在长江干流沿线,流域内 30% 的环境风险企业位于饮用水水源地周边 5 千米范围内。(2)生态空间管控不到位。近年来,长江流域水土流失面积初步实现了由增到减的历史性转变,水生生境和生物多样性保护工作取得一定成效,但长期不合理开发利用造成的生态损害挤压了生存发展空间。近 20 年来,长江经济带城镇面积增加 39%,农田面积减少约 9%,其中中下游城市减少的耕地中 73% 转化为建设用地。长江岸线过度开发、粗放利用,长江下游岸线利用率达 28%,平均每千米不到就有 1 个港口码头,导致沿岸生态缓冲带面积减少,生态系统破碎化趋势加重。(3)生态受损现象比较普遍。水电和航运开发等人类活动在发挥着巨大社会、经济效益的同时,也在生态方面深刻改变着长江。长江流域天然捕捞量从 1954 年峰值的 42.7 万吨下降到现在不足 10 万吨,珍稀特有物种全面衰退,白鳍豚功能性灭绝,江豚面临极危态势(2017 年调查结果为 1 012 头),中华鲟、达氏鲟(长江鲟)、胭脂鱼、"四大家鱼"等鱼卵和鱼苗大幅减少；高强度的水电梯级开发导致河流减水、脱水，333条河流出现断流，总长1 000余千米；水库产生滞温、滞冷效应，并造成生境阻隔，长江中游两岸原有超过10平方千米的通江湖泊100余个，目前仅剩洞庭湖、鄱阳湖等少数湖泊与长江直接相通。长江干线航道自云南水富至长江入海口，全长2 838 km，穿越饮用水水源地、自然保护区、风景名胜区、水产种质资源保护区以及重要湿地等生态敏感区。随着航道尺度不断提高和船舶密度加大，使得河道中水生生物的活动空间不断缩减，船舶航行产生的水下噪音也会对长江江豚等造成沟通障碍；且由于港口码头环境基础设施不足，部分船舶含油污水、化学品洗舱水以及生活污水垃圾未能有效处理。

为贯彻落实《中共中央国务院关于加快推进生态文明建设的意见》《长江经济带发展规划纲要》，推进长江经济带绿色航运发展，交通运输部于2017年发布《关于推进长江经济带绿色航运发展的指导意见》，要求在2020年初步建成以绿色航道、绿色港口、绿色船舶和绿色运输组织方式为重点的长江经济带绿色航运体系。

有关航道生态保护方面的研究，近年来在国内外航道工程领域均引起足够的重视。国内已注意将生态保护理念融入航道规划、设计施工、运营、维护和管理等环节，而国外更注重将航道生态纳入河流生态治理的范畴内进行一体化治理。

目前，国内有关航道生态建设主要围绕航道整治工程（筑坝工程、护岸或护滩工程、航道爆破工程和疏浚吹填工程）进行传统坝体、护岸护滩结构的生态化改造和实现。如近年来在长江干流和主要内河航道网所采用的合金钢丝石笼网箱（垫）、三维土工网垫、四面六边透水框架、鱼巢生态坝体、联锁式植草砖、土工格栅、绿化混凝土生长基、透水预制混凝土沉箱式护岸等护岸护滩结构，以及环保驱鱼、环保疏浚等降低炸礁、疏浚作业对生态环境影响的措施。刘均卫将生态型概念引入航道建设中，提出了包括水生生态调查与监测、航道工程生态化、船舶工程生态化及船舶通航生态化等四方面长江生态航道的建设内容。雷国平在梳理我国生态航道发展概况的基础上，分析了长江生态航道关键技术需求，提出了长江生态航道关键技术体系。朱孔贤等采用层次分析方法，将生态航道评价指标体系分为目标层、准则层和指标层3个层次，依据施工生态性、航道生态性、航运环保性、航道可持续性与社会适宜度5个准则，采用19个具体指标构成生态航道评价指标体系。闵凤阳等分析生态河道治理与生态航道建设的联系和区别，并指出两者间的异同。许鹏山等结合甘肃省航道建设现状及面临的问题，阐述了航道生态设计理念，并提出了生态航道评价因子和评价方法。

国外一直以来未曾忽视航运开发的生态影响，把航道建设作为河流开发中重要的一项，将其归结到河流环境治理和生态修复的大范畴里，提出环境友好型航道（environmentally friendly waterway）和环境可持续性航道（environmentally sustainable waterway）的概念，其含义是要在开发河流航运功能的同时，注意对河流生态环境的保护。早在20世纪80年代美国国会通过 *Water Resources Development Act* 授权密西西比河上游开展河流修复-环境治理计划（UMRR-EMP），以美国陆军工程兵团为主体，在密西西比河上游就生物栖息地修改改善、河流生态系统恢复、岸线保护、水位管理、航道疏浚、河流/航道整治结构物、洪泛区修复等方面进行了卓有成效的工作。相较于国外由流域机构全盘主导河流开发的模式，国内航道开发是划归在交通部门的管理体制下，对应的航道规划理念和航道设计理论必然存在着差异，但关于河流生态保护的目的是一致的，国外有关河流生态治理的一体化理念仍具有一定的借鉴意义。

总体来看，以上研究虽然认识到了生态保护的重要性，并尝试引入生态型结构或采取生态修复措施，但尚未形成完整的理论体系和技术方法，对支撑航道整治技术的水环境、水生态作用机理未做深入探索，偏重于从结构型式和材料等角度定性地开发生态航道整治技术，特别是针对山区急流、卵石滩生态保护方面的研究也不多见。尽管认识到航道建设工程对河流生态造成了影响，但其影响源是什么，影响途径如何，又是通过何种方式作用于水生生物，河流生态系统会对该影响作何反应均不得而知。通过研究工程结构布置对河道流场的影响，以及结构型式营造局部栖息生境的适宜度，并建立起生物栖息空间需求与工程布置和结构型式之间的桥梁，对乌江乃至我国当前生态航道建设的研究具有指导意义。

2.2 国内航道工程生态保护历程与现状

我国生态航道的概念同样是伴随着河流管理从水污染治理到河流生态修复实践中逐步形成和提出的，是水运交通行业化解航道工程生态问题的重要手段。唐涛、蔡庆华等认为我国有关河流水质状况的研究主要借助于化学手段，用河流生物进行监测的报道不多，指出河流生态系统健康理论及评价体系应成为河流管理的主要依据。董哲仁等认为水利工程在满足人类社会需求的同时，应兼顾淡水生态系统健康与可持续性需求，首次提出"生态水工学"概念。王薇等认为我国河流生态修复的研究与实践多偏重于污染水体的修复，注重水质的改善，而不强调河流生态系统结构、功能的修复。

　　国内关于内河生态航道基础理论的研究主要围绕生态航道基本定义、科学内涵、发展趋势、建设目标和关键技术等几个方面进行，相关的基础理论研究还不够成熟和全面，有关工作并未全面开展。

　　三峡水库自 2011 年首次实施生态调度试验以来，截至 2019 年，已连续 8 年开展了 12 次生态调度试验，"四大家鱼"对人工调度形成的洪峰过程有积极的响应，与 2011 年相比，2017 年长江中游"四大家鱼"产卵总量增加 31 倍。三峡水库生态调度对"四大家鱼"自然繁殖具有良好的促进作用，生态调度效果显著，调度经验值得推广借鉴。湘江作为"四大家鱼"的"摇篮"，每年繁殖季节亲鱼溯游而上 300 千米至常宁的"大鱼湾"产卵，其后顺水漂流至洞庭湖。但湘江干流已建的 9 级航电枢纽，只有土谷塘和湘江枢纽建有鱼道，鱼类洄游通道受阻。鱼道只解决了洄游性鱼类"上得去"的问题，亲鱼溯游至"大鱼湾"产卵，受精鱼卵还要"下得来"。各级大坝要统一协调下泄流量，提供适宜的流速条件，避免鱼卵沉底死亡，为漂浮性鱼卵创造自然繁殖的人工生境。湘江干流修建鱼道，开展枢纽生态调度是探索枢纽渠化工程生态保护的先例。

　　钢丝石笼网箱(垫)、联锁式植草砖和四面六边透水框架(群)已成为成熟的生态结构制品，在长江航道整治工程中有比较广泛的应用。(1)钢丝石笼网箱(垫)可以根据需要制成不同尺寸(长×宽×高)规格的制品，适用于航道工程护岸挡墙、护坡、护底和丁坝等工程。由机器编织的双绞合金六边钢丝网格制成网笼，内部填充碎石、鹅卵石、贝壳等材料形成工程模块，整体性好，且能够适应基础不均匀沉降，具有透水性和较强的耐水流冲刷能力，材料间的缝隙能够为水生动植物栖息提供空间，还能消解船行波浪的冲击。可以就地取材装填，施工方便，施工工艺包括材料运输、钢丝网组装加固、清基、钢丝网安装与填充、闭合等工序。(2)联锁式植草砖是一种可人工安装，新型联锁式预制混凝土块铺面系统。该结构具有较强的适应性，块体之间联锁紧密，整体性好，抗冲刷能力强，空隙率较大，适应性好，透水性好，能够实现生态护坡等优点。(3)四面六边透水框架(群)是一种减速促淤的护滩结构，框架杆件能够阻水消能，降低水流对滩体的冲刷，当流速小于水体中泥沙沉降速度时，泥沙沉淀落淤利于滩面发育，框架体之间的空间既能够透水，也能为浮游、底栖生物甚至鱼类提供栖息场所。框架结构在水流冲击下即便发生倾覆、翻滚，也不影响其功能的发挥。目前框架多采用钢筋混凝土结构整体预制而成，可以水上抛投，也可以滩面铺设。施工工艺包括模具预制、分区抛投或滩面铺设。

针对航道整治建筑物局部水沙特性，研发了具有透水透沙、促进淤积的航道整治建筑物新结构，包括可控式促淤网箱、仿生水草垫、勾连式透水框架等新型生态结构。(1)可控式促淤网箱是一种可通过调整网箱尺寸和摆放间距灵活控制淤积幅度的新型促淤结构，在藕池口水道的倒口窑心滩进行了试验性应用。(2)仿生水草垫是采用长 1.0 m，宽 0.12 m 的人工合成制品模拟水草形态，在洲滩小流速区内实现促淤的新型结构。适应变形能力强，促进滩面淤积，还能丰富滩面上水生环境，在新河口边滩守护工程中进行了试验性应用。(3)以扭双工字型透水框架为代表，以及由此衍生出的其他勾连式透水框架，能够相互勾连，提高框架群整体稳定性，形成类似植物根系的骨架型结构，起到固滩作用，透水促淤，适用于卵石、沙质河床陆上护滩或水下护底工程。其在南京以下通洲沙护滩和潜堤工程中均有试验性应用。

为减轻航道整治工程对岸滩植被生长、鱼类栖息生境的影响，研发具有生态恢复与生境再造功能的生态结构，如加筋三维土工网垫、软体排生态压载体、草绳织网护滩、鱼巢砖、生态浮岛、水下人工鱼礁、生态排基布、十字块格栅排、混凝土格栅护坡、异型填石网箱、新型砂肋排、异型联锁块软体排、大型充砂管袋护滩堤等。在刚刚竣工验收的长江中游荆江河段航道整治工程和南京以下 12.5 m 深水航道工程中都有广泛的应用。

在长江下游江心洲—乌江河段航道整治二期工程中选择外界环境相对宁静、通航需求较小的支汊试点建设较大范围的生态涵养区，作为补偿航运工程开发对水域生态影响的措施，包括涵养区增殖放流和局部生境改良等。

除此之外，在航道整治工程施工期进行生态化施工组织管理，如避开鱼类繁殖期施工，采取增殖放流补偿工程影响和环保驱鱼施工等方面的措施。

同时，为进一步规范内河航道生态建设技术，确保生态建设工作的效果，对内河航道生态建设中的通用技术事项做出规定，使之成为具有一定指导性的规范文件，为内河航道生态建设提供可靠的科学依据。交通运输部规划研究院组织编写《绿色航道评价标准》，长江航道局组织编写《长江航道整治工程生态设计指南》和《长江航道整治工程绿色施工指南》，天津水运工程科学研究院组织编写了《内河航道绿色建设技术指南》。

总之，国内生态航道建设经历了从生态结构开发和施工组织生态化逐步过渡至对水域生境空间营造的过程，并随着对生态航道理解的加深，重视整体工程布局对河流空间的保护和利用，同时注意在工程前后开展生态调查和监测，以便进行工程生态效果评估，并强化技术标准和管理监督方面的措施保障。

2.3 国外航道工程生态保护历程与现状

航运作为河流水资源综合利用的重要组成部分，国外在提高河流通航能力的同时，也注意改善河流的自然生态状况，进行航运改善、河流防洪和生态修复一体化治理。例如美国密西西比河的开发、管理和整治由密西西比河委员会集中负责，而具体实施则由美国陆军工程兵团（USACE）负责。因此，国外生态航道建设始终伴随着河流生态恢复的过程而开展。

随着二战后西方国家工业急剧发展和城市规模不断扩大，工业和生活污水的大量排放造成河流严重污染，20 世纪 50 年代起，西方国家开始以水污染控制为重点的河流水质恢复。至 20 世纪 80 年代初期，河流污染问题得以缓解，河流保护从水质改善过渡到小型和山区河流的生态恢复，例如德国、瑞士等国家开展的"近自然河流治理"，日本开展的"近自然工事"和美国开展的"自然河道设计技术"等。20 世纪 80 年代末期，转向以单一物种恢复为标志的大型河流恢复，例如欧洲莱茵河"鲑鱼-2000 计划"和美国"密苏里河再自然化工程"等。20 世纪 90 年代以来，发展为流域尺度的河流生态整体性恢复，例如"欧盟水框架指令"，将欧盟水域的保护与管理以法律文件的形式进行规范，明确提出水域保护规划以流域为单位的原则。

河流一体化治理理念是兼顾多目标（行洪、通航、生态、景观等）所进行的综合性治理，首先注意结合河势和岸线的特点，因地制宜地从布局上制定工程方案，其本质就是从规划阶段对河流行洪空间、生物栖息空间和航行空间进行合理配置。图 2.3-1 是莱茵河上游德法两国交界德国卡尔斯鲁厄市一侧的一段航道。左侧为通航主槽，通过在右侧河流凸岸 10 条整治丁坝群坝身上设置缺口，并沿缺口连线走向开挖，以制造过流通道，将挖出卵石堆置于坝田靠主河道一侧，通过将坝田区破碎生境相连接，形成近岸幼鱼洄游通道，扩大坝田区鱼类栖息生

图 2.3-1　莱茵河德国卡尔斯鲁厄河段航道工程布局

境。另外,在河流堤岸人为开辟过流通道,保持主河道活水与右岸湿地静水相连通,既能增强湿地水流活性,又有助于扩大鱼类栖息场地,创造多样化的栖息生境。工程完工近5年来,2 000吨级单船和4 000吨级顶推船队通过的同时,右侧坝田区天鹅、野鸭成群,航道改善与栖息地保护相得益彰。

航道疏浚土处置因堆场选址困难,同样是国外航道工程界所面临的一项难题,疏浚土吹填造岛(滩)是一种值得借鉴的资源化利用方式。河流洲滩因洪水所携带的大量有机质富集,能够保持相对稳定的浅水环境,且与外界隔绝,是鱼类和鸟类理想的栖息场地。采用疏浚物人工吹填造岛(滩),既避免了侵占自然岸线,又解决了疏浚土处置场地的问题。美国陆军工程兵团在密苏里河通过疏浚土吹填造岛为燕鸥(interior least tern)和笛鸻(piping plover)两种珍稀鸟类提供栖息场地,通过持续的追踪监测,工程实施后两年已监测到大量的筑巢(图2.3-2)。

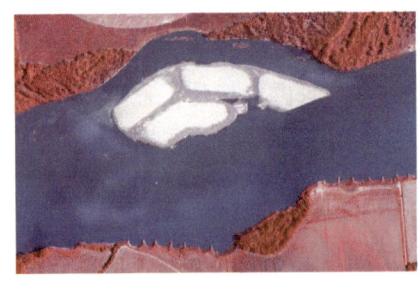 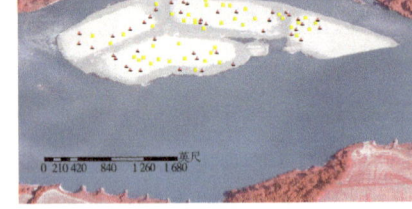

(a) 工程前　　　　　　　　　(b) 工程后

图2.3-2　美国密苏里河疏浚土吹填造岛(滩)

总之,国外河流一体化治理理念下的航道工程,从河岸、边滩到主河槽不同位置,以水流连通性恢复、河流空间均衡和生境多样性为主,通过工程布局和工程结构改进进行河流整体修复,注意对河流水文、水环境和生物的动态监测,强化工程效果的评估,颁布工程设计手册,并从流域立法和管理体制上加以保障。

2.4　几个关键问题研究进展

2.4.1　平面布局

2.4.1.1　浅水栖息地(Shallow Water Habitat)

自1989年以来,美国陆军工程兵团(USACE)就密苏里河流域干流梯级水库、渠化和航运工程建设所产生的生态环境影响向美国鱼类及野生动植物管理局(USFWS)展开咨询。后者认为密苏里河流域的工程建设会妨碍三种本土物种(密苏里铲鲟、黄嘴燕鸥、笛鸻)的生存和繁衍,并于 2003 年发布了生物保护意见书,要求恢复因工程建设丧失的以上三种生物所依赖的浅水栖息地(Shallow Water Habitat),约 40 000 公顷。意见书对浅水栖息地进行了明确的定义,指出水深不大于 1.5 m 且流速不大于 0.6 m/s 的河漫滩、河湾回水区、支汊、沼泽、沙洲、河心岛和主河道,均是适宜以上三种生物生存的重要生境。要求自加文斯角大坝至河口圣路易斯总计 1 305 千米的坝下河段,至少恢复至每千米河段 7.5 公顷浅水栖息地的水平。为此,陆军工程兵团按上述标准在该河段建设了大量的浅水栖息地,截至 2010 年前后,共建设了超过 1 300 公顷的浅水栖息地,每千米河段接近 1 公顷,恢复面积不到原来的 3%(图 2.4-1)。浅水栖息地建设按照实施区域的不同可分为以下两类:

(1) 在主航槽区域:缺口丁坝、缺口护岸、丁坝高程削减和鱼嘴等;

(2) 在边滩和支汊区域:导航槽、边沟和回水区。

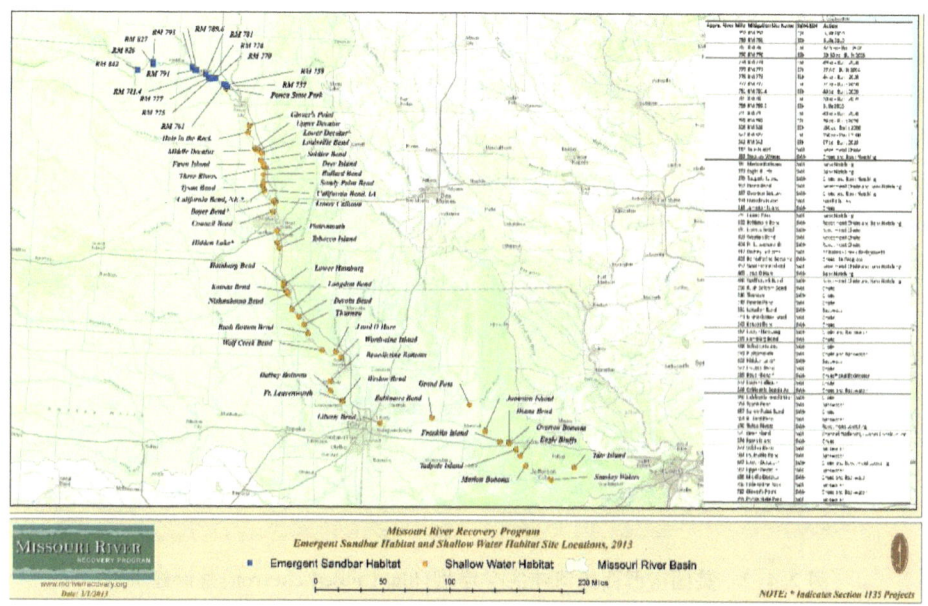

图 2.4-1　近年来密苏里河下游实施的浅水栖息地工程示意图

2.4.1.2　生态涵养区

近年来,在我国长江等主要通航河流上所实施的航道整治工程多选择外界环境相对宁静、通航需求较小的支汊试点建设较大范围的生态涵养区，作为补偿航运工程开发对水域生态影响的措施进行生境补偿或生境重构，涵养区建设包括增殖放流、产卵场再造、船舶交通流引导和局部生境改良等措施。其中，在施工期每年进行一次增殖放流，放流对象以"四大家鱼"、珍稀保护性鱼类以及豚类饵料鱼为主，放流量根据涵养区水域面积大小确定。在涵养区内河床上分别铺设 30 cm 厚卵石和透水框架并结合沉水植物种植，人工营造出产沉性卵和黏性卵的产卵场，进行局部生境改良。在河流支汊进出口岸边设置大型引导牌，提示过往船舶尽量避免支汊通航。

2.4.2 生态整治坝体

2.4.2.1 鱼嘴坝(Blunt Nosed Chevron)

通过航道整治建筑物自身特点，改善局部流态，营造水域栖息空间，实现航道工程生态保护的目的。下面以美国密西西比河上一种类似我国鱼嘴的整治建筑物钝头 V 字坝(blunt nosed chevron)为例对其进行说明(图 2.4-2)。不同于鱼嘴仅布置在江心洲洲头位置，其单个或多个连续布置在航槽一侧，既能调整分流比，改善通航，又能在河道中为水生生物营造局部栖息空间。该整治建筑物具有以下特性：(1)坝后形成半封闭的静水区域，构造出急流-缓流交替的多样化流场，为生物栖息提供庇护场地；(2)洪水季水流漫过坝体，在坝体下游形成局部冲坑，水深相对较深，可以为鱼类提供越冬场地；(3)坝后淤积水下浅滩，水深较浅(不大于 1.5 m)，水流相对较缓，光照充足，水温适宜，利于水生植物生长。

图 2.4-2 美国密西西比河钝头 V 字坝(blunt nosed chevron)整治建筑物

2.4.2.2 开口丁坝(Notching Dike)

航道整治丁坝在实现束窄水流、控导水沙、稳定边滩和防护岸坡功能的同时，也容易在近岸坝田区形成大片连续型淤积体，而近岸浅滩多样化的生境条件是水生生物重要的栖息地。为提高近岸浅滩的生境条件,恢复主流与边滩的连通性,在整治丁坝坝身上开挖过流槽,使上下游坝体形成连续的过流通道。该整治建筑物具有以下特性:(1)提升坝田区栖息生境多样性(流态多样性),增强近岸水流活性;(2)改善坝田区淤积形态(地形多样性);(3)创造幼鱼通道,避免生境破碎化;(4)遏制坝田区形成大片连续型淤积体。

目前开口丁坝整治结构型式在美国的密西西比河、密苏里河,欧洲的莱茵河、易北河都有相当广泛的应用,同步的现场监测也已在多处实施,种群数量和物种多样性普遍得到不同程度的提升,但完整的效果评价还有待进一步确定(图2.4-3)。

(a) 整治丁坝群与坝田区淤积体　　(b) 整治丁坝群开口与坝田区生境改善

图 2.4-3　莱茵河上游航道整治工程

2.4.2.3　透水人工块体

用混凝土或钢筋混凝土预制而成的四角锥体、钩连块体、扭王字块等人工块体构件,最早应用于潮汐河口护面,近年来在内河航道整治工程中也多有应用(图 2.4-4)。其中,透水空心方块为镂空正方体形预制构件,在水流冲击下发生位移、滚动时也能保持高度不变,继续发挥作用。构件采用钢筋混凝土结构,混凝土强度等级为 C30,钢筋采用Ⅱ级钢筋,正方体边长为 1 m、每边含 1 根长 0.8 m

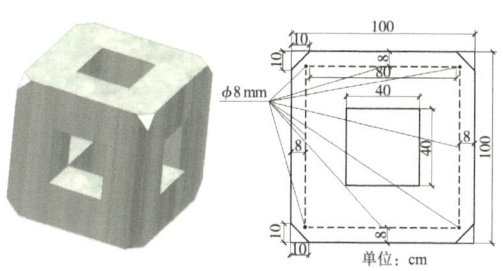

图 2.4-4　透水方块及其筑坝工程

的 φ8 钢筋,钢筋距离透水空心方块体外壁 8 cm,公差±2 cm。单个透水空心方块透空率为 0.352,质量为 1 832 kg。

2.4.3 生态护岸(护滩)

2.4.3.1 板桩护岸

航道岸坡受水流和船行波的淘刷,硬质护岸与河流自然化生态理念相悖而采用合金钢丝石笼网箱(垫)、椰丝卷护岸、生态鱼巢护岸、板桩复合护岸等具有生态功能的护岸结构或措施。应用于德国施普雷河上的板桩复合护岸属于一种主动防护型的护岸措施,通过平行河岸布置不连续的钢板桩,以屏蔽水流和船行波对岸坡的淘刷,从而保留天然岸坡形态,营造近岸相对封闭的生物栖息空间(图 2.4-5)。

图 2.4-5　德国施普雷河板桩复合护岸

2.4.3.2 植物护岸

2011 年前后,德国联邦水运工程研究院和德国联邦水文研究所合作开展纯植物护岸在内河航道中的应用,综合考虑不同土工和水力条件作用下,特别是船行波产生的岸坡淘刷所带来的水力荷载,对不同植物类型所产生的影响和生物种群的繁育状况。通过室内观测和模型试验研究植物护岸的作用机制,在莱茵河试验段进行了持续 5 年时间的现场观测试验(图 2.4-6)。

早在 2004 年前后,在京杭运河两淮段航道整治工程中,我国就开展了纯植物生态护岸的示范工程建设,结合两淮段沿河土壤条件和自然风貌,在一系列种植试验的基础上,将生态理念引入水运工程建设,通过芦苇固土抗冲刷机理和消浪缓冲的研究,注意发挥芦苇对污染物的吸附能力,进行合理有机的景观配置,建成了"芦苇＋杨树×棕榈"、"芦苇＋水杉×垂柳"和"红瑞木＋金丝垂柳×龙柏"等不同类型的植物搭配护岸。十几年以来,尽管该段是苏北运河最繁忙的航段,但岸坡保持稳固,植物长势良好(图2.4-7)。

图2.4-6　德国莱茵河纯植物护岸工程实施效果对比

图2.4-7　京杭运河两淮段植物护岸

2.4.3.3　四面六边透水框架

四面六边透水框架(群)是一种减速促淤的护滩结构,框架体杆件能够阻水消能,降低水流对滩体的冲刷,当流速小于水体中泥沙沉降速度时,泥沙沉淀落淤利于滩面发育,框架体之间的空间既能够透水,也能为浮游、底栖生物甚至鱼类提供栖息场所。框架结构在水流冲击下即便发生倾覆、翻滚,也不影响其功能的发挥。目前框架多采用钢筋混凝土结构整体预制而成,可以水上抛投,也可以滩面铺设。施工工艺包括模具预制、分区抛投或滩面铺设。

四面六边透水框架(群)在长江倒口窑心滩、腊林洲和东流水道等航道整治工程中都有应用(图2.4-8)。

图 2.4-8　四面六边透水框架(群)护滩结构

2.4.4　模型研究

生态航道主要解决水生生物与环境(因航道工程造成改变)之间的关系。而航道工程生态影响既包括渠化工程对河流水文节律的改变,又包括整治工程对流速和水深等水动力因子的改变,同时还包括疏浚、清礁等施工过程对水环境因子的改变。水文、水动力、水环境和地形地貌等环境因子对生物的生理及行为习性的作用机制是开展生态航道工程研究的基础。

2.4.4.1　环境因子对生物的作用机制试验

德国联邦水运工程研究院联合德国联邦水文研究所于 2006—2013 年间在德国易北河和莱茵河分别开展了航道工程与生物栖息地多样性响应关系的现场试验。根据易北河上某甲虫亲水、喜沙质河床和低植被盖度的栖息地适宜特性,调查了丁坝群坝身开口、丁坝群正挑等航道工程方案下的甲虫物种密度,建立了该物种产卵概率与水位之间的响应关系曲线(图 2.4-9)。同时,调查了莱茵河上本土鱼种和引进鱼种在植草护岸、纯抛石护岸和柴排护岸 3 种护岸的种群数量(图 2.4-10)。

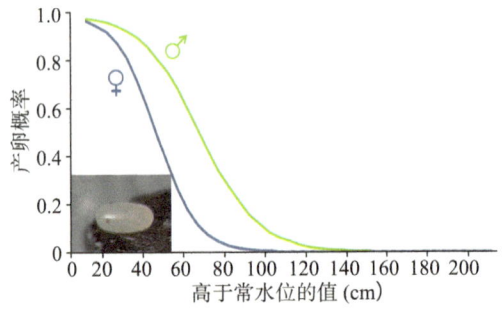

图 2.4-9　德国易北河雌雄甲虫产卵概率与水位关系曲线

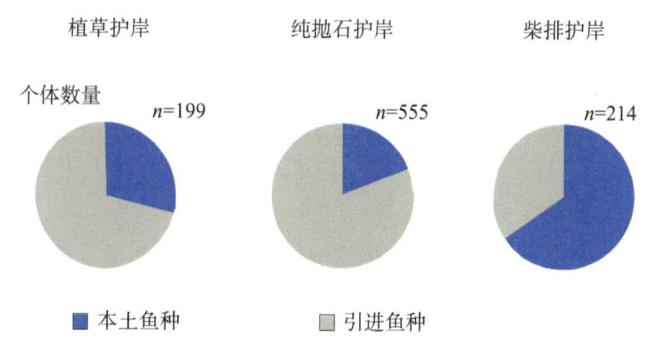

图 2.4-10 不同护岸类型鱼类生物量调查对比

2003 年前后，广东北江航道整治工程中采用经济和环境效益突出的三维土工网植草护岸，分别采用室内和现场试验研究航道水文和水动力过程对 8 种备选草种的水分胁迫试验（耐淹和耐旱）、抗冲蚀能力试验、最佳种植时间和最佳种植高程试验以及耐动物啃食试种试验等，得到不同草种对水分胁迫、近岸流速、种植高程等的响应关系，最终确定出适合当地河段的草种。

2011 年，李卫明、陈求稳等通过室内环形水槽研究静动水条件下，漓江光倒刺鲃对不同河床底质类型和不同水流速度的喜好试验，观测鱼在不同底质和流速下的驻留时间和出现频率，得到该种鱼类行为习性对水动力和底质环境因子的响应关系（图 2.4-11）。

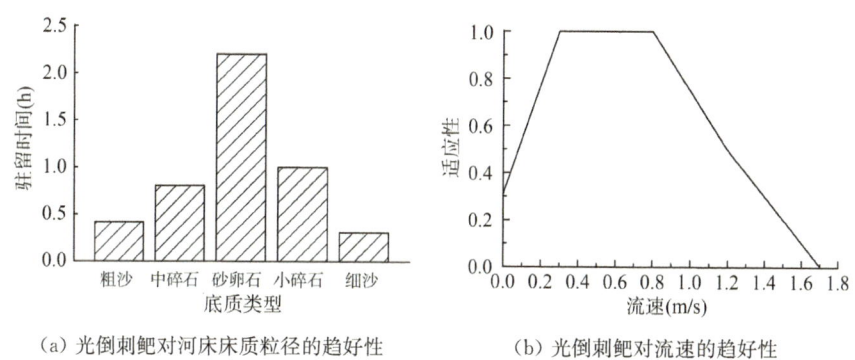

(a) 光倒刺鲃对河床床质粒径的趋好性　　(b) 光倒刺鲃对流速的趋好性

图 2.4-11 光倒刺鲃对河床底质和流速的适应性关系

该类型生物对环境因子的响应关系试验结果建立了生物生理和行为习性与环境因子之间的关系，进而可用于指导航道工程规划和设计方案的确定。

2.4.4.2 栖息地评价模型

像美国密苏里河根据生物保护意见书对浅水栖息地的恢复要求一样，针对

2种濒危鸟类和1种濒危鱼类栖息地面积大小的恢复数量,对河流修复工程(包括航道整治工程)平面布置和结构型式设计方案进行栖息地量化评价。

栖息地评价模拟不同流量下平面布置和结构型式设计方案、栖息地适宜度面积大小的变化,多数采用二维水深平均水动力模型,也有采用三维水动力模型开展评价研究。

除关注栖息地面积大小之外,栖息地的空间分布也是一项重要设计参数。在实际河流中,栖息地往往分散分布在个别区域,相对整条河段而言,其分布非常局部,栖息地的破碎化和栖息地之间的连通性对于维持种群交流和稳定同样十分重要。为此,提出了栖息地面积破碎性指数和连通性指数的概念与方法,可以对目标鱼类栖息地适宜度进行评价和空间分析。

2.4.5 生态航道评价

2.4.5.1 河流健康评价

河流健康的评价最早开始于对河流水质的评价。19世纪末期,西方国家在工业化进程中曾出现过严重的水污染问题。随着二战后西方国家工业急剧发展和城市规模不断扩大,工业和生活污水的大量排放造成河流严重污染,20世纪50年代起,西方国家开始以水污染控制为重点的水质恢复。至20世纪80年代初期,水污染问题得以缓解,河流保护和管理的重点开始由单纯的水质保护转移到河流生态系统的恢复,包括水环境和水生态修复。单纯的水质评价已经不能满足河流管理的需要,因为水质评价仅仅是河流健康评价的部分内容,不能全面反映河流生态系统健康损害多方面的因素,包括生态系统退化方面起关键作用的一些因素,例如岸边植被带的损失、河流栖息地功能的下降、污染物的扩散、河流水文和水流状态的改变、泥沙的淤积、外来物种的入侵、水生生物结构及功能的改变等。因此,河流健康评价的内容也发生了改变,开始从水质改善过渡到对河流生态与环境质量的综合评价。例如德国、瑞士等国家开展的"近自然河流治理",日本开展的"近自然工事"和美国开展的"自然河道设计技术"等。从以欧洲莱茵河"鲑鱼-2000计划"为代表的单一物种恢复,转向以"欧盟水框架指令"为代表的流域尺度的河流生态整体性恢复,相应的河流健康评价内容和方法也发生了巨大的变化。

伴随着河流健康评价内容的转变,国际上对河流健康状况的指标体系和评价方法进行了广泛的研究(表2.4-1)。20世纪80年代初,出现了两种代表性的河流健康评价方法,即生物完整性指数(IBI)和河流无脊椎动物预测与分类系统

(RIVPACS)。生物完整性指数(IBI)产生于美国中西部,最初用于鱼类,后又推广至其他生物(表2.4-2)。RIVPACS建立于1977年英国淡水生态所的河流实验室,早期目标是促进对保护位置的选择,物种组成类型是其分析的重点。同一时期,美国环保署(EPA)于1989年提出了《快速生物评价草案》(RBP),为用生物群落资料作为生态健康指标提供了一个技术框架。

表2.4-1　国外河流健康代表性评价方法

类别	名称	方法简介	主要特点
生物评价方法	生物完整性指数(IBI)	着眼于水域生物群落结构和功能,用12项指标(河流鱼类物种丰富度、指示种类别、营养类型等)评价河流健康状况	包含一系列对环境状况改变较敏感的指标,从而对所研究河流的健康状况作出全面评价,但对分析人员专业性要求较高
生物评价方法	河流无脊椎动物预测与分类系统(RIVPACS)	利用区域特征预测河流自然状况下应存在的无脊椎动物,将预测值与实际监测值相比较,从而评价河流健康状况	能较为精确地预测某地理论上应该存在的生物量;但该方法基于河流任何变化都会影响无脊椎动物这一假设,具有一定的不确定性
生物评价方法	澳大利亚河流评价计划(AUSRIVAS)	针对澳大利亚河流特点,在评价数据的采集和分析方面对RIVPACS方法进行了修改,使得模型能够广泛用于澳大利亚河流健康状况的评价	能预测河流理论上应该存在的生物量,结果易于被管理者理解;但该方法仅考虑了大型无脊椎动物,并且不能将水质及生境退化与生物条件相联系
生态系统评价方法	溪流健康指数(ISC)	构建了基于河流水文学、形态特征、河岸带状况、水质及水生生物5个方面的指标体系,将每条河流的每项指标与参照点对比评分,总分作为评价的综合指数	将河流状态的主要表征因子融合在一起,能够对河流进行长期的评价,从而为科学管理提供指导,但缺乏对单个指标相应变化的反映,参考河段的选择较为主观
生态系统评价方法	河流健康计划(RHP)	选用河流无脊椎动物、鱼类、河岸植被、生境完整性、水质、水文、形态等七类指标评价河流的健康状况	较好地运用生物群落指标来表征河流系统对各种外界干扰的响应,但在实际应用中,部分指标的获取存在一定困难
生态系统评价方法	快速生物评价协议(RBPs)	涵盖了水生附着生物、两栖动物、鱼类及栖息地评估方法。对于河道纵坡不同河段采用不同的参数设置,每个监测段等级数值范围在0~20,20代表栖息地质量最高	提供了河流藻类、大型无脊椎动物和鱼类的检测评价方法和标准。在调查方法中包括栖息地目测评估方法,但是其设定"可以达到最佳"的参照状态比较难以确定
生态系统评价方法	河流生态环境调查(RHS)	通过调查背景信息、河道数据、沉积物特征、植被类型、河岸侵蚀、河岸带特征以及土地利用等指标来评价河流生境的自然特征和质量	较好地将生境指标与河流形态、生物组成相联系,但选用的某些指标与生物的内在联系未能明确,部分用于评价的数据以定性为主,使得数理统计较为困难

续表

类别	名称	方法简介	主要特点
生态系统评价方法	岸边与河道环境细则(RCE)	用于快速评价农业地区河流状况,包括河岸带完整性、河道宽/深结构、河岸结构、河床条件、水生植被、鱼类等16个指标,将河流健康状况划分为5个等级	能够快速评价河流的健康状况,但该方法主要适用于农业地区,如用于评价城市化地区河流的健康状况,则需要进行一定程度的改进

表 2.4-2　鱼类生物完整性指数(IBI)评价指标

评价指标	特性
土著鱼种多度(NS)	土著鱼种多度随着干扰增加而降低;指数随水质改善、栖息地多样性以及稳定性增加而增加
鱼种多度(DMS)	物种对污染极其敏感,随着污染加重而降低;指数随水质改善、栖息地多样性以及稳定性增加而增加
耐受物种多度(INT)	物种对污染极其敏感,随着污染加重而降低;指数随水质改善、栖息地多样性以及稳定性增加而增加
水体物种多度(WC)	指数是4个指标的综合反映,包括鲤科、太阳鱼、顶级食肉动物、幼鱼等
附生产卵鱼类多度(SL)	指数中的鱼类需要相对清洁的沙砾,是栖息地特征的参数,对于沉积作用极其敏感
食虫物种个体比例(INST)	样本中食虫物种的相对多度(不包括非耐受个体),表示个体对昆虫相对比较敏感,随着健康程度降低而降低
杂食动物个体比例(OMNI)	指数随干扰增加而增加
耐受物种个体比例(TOL)	指标表明个体对外界污染的耐受能力以及对外界物种入侵的耐受能力,随干扰增加而增加

20世纪90年代,河流健康评价进入快速发展时期,许多国家建立了河流健康评价方法,较具代表性的有美国、英国、澳大利亚和南非等国家。1990年,美国环保署(EPA)启动了环境监测评价计划,用于监测和评价河流、湖泊的状态和趋势,并于1990年对已有的《快速生物评价草案》(RBP)进行了更新;1992年提出岸边与河道环境细则(RCE),采用了16个特征值用于快速评价下游农业景观地区小溪流的物理和生物状态。英国建立了河流保护评价系统(SERCON),用于评价河流的生物和栖息地属性;1997年英国还建立了河流栖息地调查(RHS)方法,该方法为英国提供了一个河流分类和未来栖息地评价的标准方法。澳大利亚采用了河流地貌类型(GRS)、河流状态调查(SRS)等多种评价方法,对河流

状态的评价包括水文地貌(特别是栖息地结构、水流状态、连续性)、物理化学参数、无脊椎动物和鱼类集合体、水质、生态毒理学等内容,并在 RIVPACS 的基础上发展了适合本国的评价方法 AUSRIVAS,并于 1993 年采用 AUSRIVAS 进行了第一次全国水资源健康评价(表 2.4-3)。

表 2.4-3　澳大利亚河流生态完整性评价指标体系

参数	参数标准	评价方案
水文/水力参数	水文模式、流速模式、地下水连接度、河床负荷模式	口头描述
河流形态参数	河流形态类型、栖息地(内部、边缘)结构、底质(纵向、横向)连接度	口头描述
物理化学参数	水质指标	阈值;口头描述
毒理参数	有毒物水质指标	国家标准;口头描述
生物水质评价	污水生物系统	7 个等级
大型无脊椎动物	物种、优势结构、多度、功能摄食种群分类、纵向分区	7 个等级;口头描述
鱼类	鱼类分布区域、种类数量、种群数量、年龄构成	5 个等级;口头描述

国外关于河流生态系统健康评价方法众多,但从原理上主要可分为两类:一类是预测模型方法,如 RIVPACS 和 AUSRIVAS 等;另一类方法称为多指标方法。具有代表性的方法主要有:生物完整性指数(IBI)、岸边与河道环境细则(RCE)、溪流健康指数(ISC)、河流生态环境调查(RHS)、河流健康计划(RHP)、快速生物评价协议(RBPs)和美国的环境监测和评价项目(EMAP)。预测模型法主要通过单一物种对河流健康状况的影响进行比较评价,并且假设河流任何变化都会反映在这一物种的变化上,此方法具有一定的局限性。RIVPACS 和 AUSRIVAS 都是以大型无脊椎动物作为对象。多指标评价法是不同生物组织层次上多个指标的组合,能够及时地反映河流健康的变化。目前 IBI 方法已经被用于藻类、浮游生物、无脊椎动物、维管束植物等相关研究;而 ISC 方法综合反映了河流水文学、物理构造特征、河岸区状况、水质及水生生物等 5 个要素共计 19 项指标;RCE 方法涵盖了河岸带完整性、河道宽/深结构、河道沉积物、河岸结构、河床条件、水生植物、鱼类等 16 个指标,但多指标评价法也存在评价过程复杂、资料不易收集等缺点。

欧盟和美国已在长期生态监测数据积累的基础上,基本形成了本国的河流生态系统健康的指标体系和相关的评价标准。然而由于生态系统本身具有显著的区域特征,使各国都致力于发展适合本国河流的生物监测指标体系与技术方法。

国内在水体质量评价方面已形成了比较完善的技术标准,如《地表水环境质量标准》(GB 3838—2002)、《地下水质量标准》(GB/T 14848—2017)、《生活饮用水卫生标准》(GB 5749—2022)等。但是,国内开展河流健康评价工作起步较晚,2000年以后,水利部长江水利委员会、黄河水利委员会和珠江水利委员会等流域机构和一些学者先后开展了健康河流评价研究。

2004年,长江水利委员会根据长江流域自然条件、经济社会发展现状和我国的国情提出了健康长江的基本概念,认为健康的长江应该是自然生态健康与河流为人类提供良好服务的交集。2005年,根据"维护健康长江、促进人水和谐"的治江理念,长江水利委员会提出了由1个目标层、3个系统层、5个状态层和14个指标层组成的健康长江评价指标体系(表2.4-4)。

表2.4-4 健康长江评价指标体系

目标层	系统层	状态层	指标层	健康参考值
维护健康长江、促进人水和谐	生态保护	水土资源与水环境状况	河道生态需水量满足程度	>60%
			水功能区水质达标率	>80%
			水土流失比例	<10%～15%
			血吸虫病传播阻断率	100%
		河流完整性与稳定性	水系连通性	大部分连通
			湿地保留率	20%
			优良河势保持率	重点河段100% 一般河段80%
			通航水深保证率	Ⅰ级
		水生生物多样性	鱼类生物完整性指数	48～52
			珍稀水生动物存活状况	良好
	防洪安全保障	蓄泄能力	防洪工程措施达标率	>90%
			防洪非工程措施完善率	>90%
	水资源开发利用	水资源开发利用状况	水资源开发利用率	<30%左右
			水能资源利用率	<60%左右

2003年,首届黄河国际论坛决定将"维持河流健康生命"作为第二届黄河国际论坛的主题。2005年黄河水利委员会从河流生命和河流健康的本质出发,通过分析黄河自身、人类和河流生态系统的生存需求,认为连续的河川径流、通畅

安全的水沙通道、良好的水质、良性运行的河流生态和一定的供水能力是现阶段黄河健康生命的标志，提出了低限流量、河道最大排洪能力、平滩流量、滩地横比降、水质类别、湿地规模、水生生物、供水能力等8项定量表征黄河健康生命的指标体系。

2006年，珠江水利委员会提出的河流健康评价指标体系由总体层、系统层、状态层和指标层组成。总体层是对珠江河流健康评价指标体系的高度概括，系统层包括自然属性和社会属性两个方面，状态层是在系统层下设置的代表该综合指标的分类指标，分别为河流形态结构、水环境状况、河流水生物、服务功能、监测水平等5个方面，指标层是在5个状态层下设置的分项指标（表2.4-5）。

表2.4-5 珠江流域河流健康评价指标体系

总体层	系统层	状态层	指标层
河流健康综合评价	自然属性	河流形态结构	河岸、河床稳定性
			与周围自然生态连通性
			水土流失与荒漠化治理率
			亲水性与景观舒适度
		水环境状况	河道生态用水保障程度
			水功能区水质达标率
			饮用水源地咸度超标程度
			遭受污染后修复能力
		河流水生物	藻类多样性指数
			鱼类多样性指数
			珍稀水生动物存活状况
	社会属性	服务功能	防洪标准达标率
			万元GDP取水量
			水资源开发利用率
			饮水安全保障程度
			灌溉保证率
			水电开发率
			通航保证率
		监测水平	跨界河流监测站点完善状况
			非工程措施完善状况

尽管参考欧美河流生态系统健康指标体系开展了我国相关的研究，但多数研究因我国多数水生生物资料没有长期的积累或数据共享程度差，尚停留在对国外河流生态系统健康认识的初级阶段，实际应用的可能性受到了比较大的局限。此外，西方国家水资源的供需矛盾与防洪抗旱等问题没有中国突出，相当多的国家在20世纪80年代以后，人类用水总量达到零增长，甚至出现下降，水资源与水能资源开发活动大为减少，大多数河流所面临的生态环境健康问题并不像中国这么尖锐。除了欧美发达地区水体的受损程度远小于中国，且其多针对小型河流的生态恢复和栖息地评价，对于我国目前面临的大、中型河流的生态维持和恢复所亟须的评价研究还有待进一步完善。

2.4.5.2 生态航道评价

目前，由国际航运协会内河委员会设立的工作组，专门针对内河生态护岸方法和效果评估展开研究，目的是总结有效用的工程应用案例并形成技术标准。自2009年成立以来，工作组已相继在各成员国召开了10多次工作会议，其主导编制的最佳实践法 BPA(Best Practice Approach)从船舶航行影响、水文和水动力状况、气候、工程耐久性、工程安全性、生态环境效益、生物生境状态等多个方面综合进行打分，其将在未来1~2年内发布，用于指导世界范围内生态护岸建设效果的评价。

目前，有关生态航道指标体系的研究，许鹏山等结合甘肃省航道建设现状及面临的问题，提出生态航道的概念，阐述了航道生态设计理念，并提出了生态航道评价因子和评价方法，从航道安全、生态、景观和服务4方面功能提出了9项指标（表2.4-6）。

表2.4-6　生态航道评价指标

评价对象	评价指标
航道安全功能	航道尺度 S1；通航保证率 S2；航标设施完善率 S3；司乘人员视觉满意度 S4
航道生态功能	栖息地质量 S5；船队综合污染指数 S6
航道景观功能	航道景观指数 S7
航道服务功能	服务区分布率 S8；服务区完好率 S9

朱孔贤等采用层次分析方法，将生态航道评价指标体系分为目标层、准则层和指标层3个层次，依据施工生态性、航道生态性、航运环保性、航道可持续性与社会适宜度5个准则，采用19个具体指标构成生态航道评价指标体系（表2.4-7）。

表 2.4-7　生态航道评价指标体系

目标层(A)	准则层(B)	指标层(C)
生态航道(A)	施工生态性(B1)	取材环保性(C1)
		施工简易性(C2)
		生态破坏程度(C3)
		生境恢复速度(C4)
	航道生态性(B2)	航道水质等级(C5)
		生态水文满足度(C6)
		栖息地适宜度(C7)
		生物多样性(C8)
	航运环保性(B3)	航道利用率(C9)
		船舶污染控制(C10)
		单位运量能耗(C11)
		生态系统干扰度(C12)
	航道可持续性(B4)	造价经济性(C13)
		航道工程使用年限(C14)
		维护便利性(C15)
		生态系统自我修复能力(C16)
	社会适宜度(B5)	景观协调性(C17)
		亲水和谐性(C18)
		服务丰富度(C19)

李天宏等视航运为河流功能之一，将航道健康放到河流健康体系中，以长江荆江河段为例，采用层次分析法从航运功能、输水泄洪功能、输沙功能、供水功能、自净功能、生态功能和景观娱乐功能 7 个方面对航道整治工程实施前后的生态航道进行了评价，并对评价结果进行了敏感性分析。李天宏在分析该河段河流系统功能的基础上，构造生态航道的评价体系，提出评价模型，进行航道整治工程实施前后的航道健康评价(图 2.4-12)。指标计算方法及标准划分依据如表 2.4-8 所示，生态航道指标评价标准如表 2.4-9 所示。

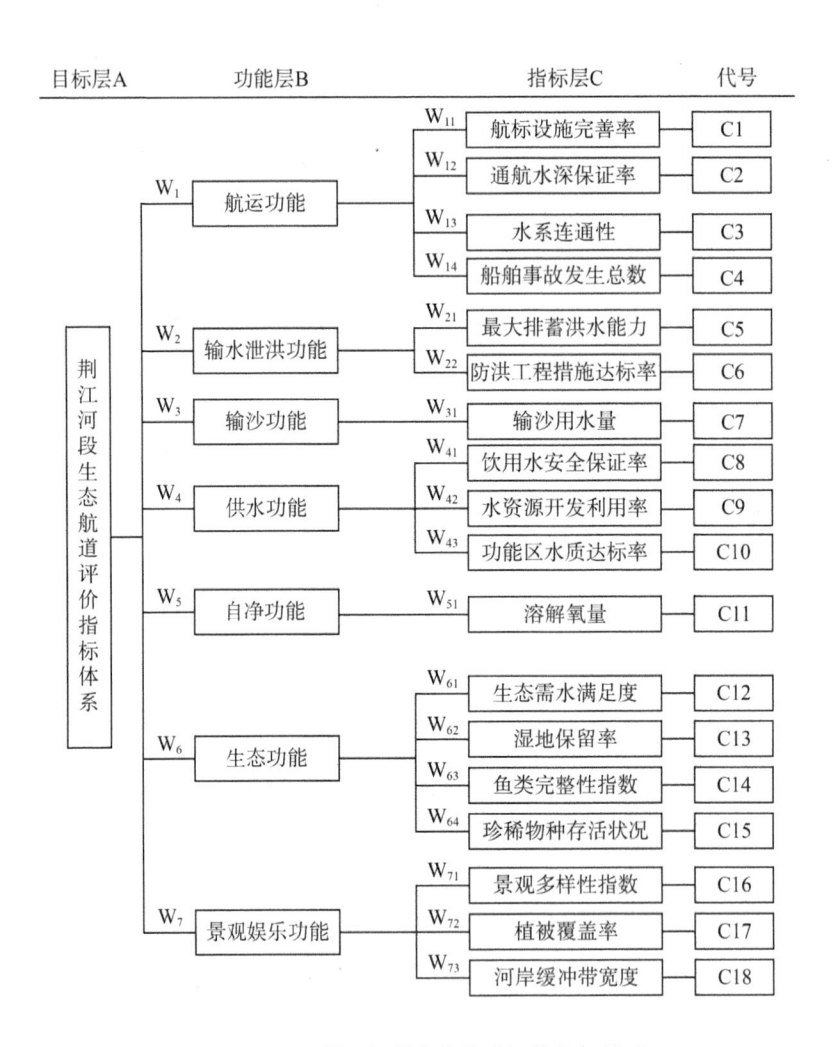

目标层A	功能层B	指标层C	代号
荆江河段生态航道评价指标体系	W_1 航运功能	W_{11} 航标设施完善率	C1
		W_{12} 通航水深保证率	C2
		W_{13} 水系连通性	C3
		W_{14} 船舶事故发生总数	C4
	W_2 输水泄洪功能	W_{21} 最大排蓄洪水能力	C5
		W_{22} 防洪工程措施达标率	C6
	W_3 输沙功能	W_{31} 输沙用水量	C7
	W_4 供水功能	W_{41} 饮用水安全保证率	C8
		W_{42} 水资源开发利用率	C9
		W_{43} 功能区水质达标率	C10
	W_5 自净功能	W_{51} 溶解氧量	C11
	W_6 生态功能	W_{61} 生态需水满足度	C12
		W_{62} 湿地保留率	C13
		W_{63} 鱼类完整性指数	C14
		W_{64} 珍稀物种存活状况	C15
	W_7 景观娱乐功能	W_{71} 景观多样性指数	C16
		W_{72} 植被覆盖率	C17
		W_{73} 河岸缓冲带宽度	C18

图 2.4-12 荆江河段生态航道评价指标体系

表 2.4-8 指标计算方法及标准划分依据

评价指标	数据获取方法	标准划分依据
航标设施完善率	航标设施完善率=$\dfrac{\text{正常运作的航标}}{\text{航道设计时应布设的航标}}\times 100\%$	《内河通航标准》(GB 50139—2014)
通航水深保证率	通航水深保证率=$\dfrac{\text{年大于通航水深的天数}}{365}\times 100\%$	《内河通航标准》(GB 50139—2014)
水系连通性	纵向连通性=$\dfrac{\text{断电或节点等障碍数量(闸、坝)}}{\text{河流长度}}$	相关文献
船舶事故发生总数	海事局统计数据	海事局历史统计数据
最大排蓄洪水能力	水文站水文数据	历史水文资料
防洪工程措施达标率	防洪工程措施达标率=$\dfrac{\text{达到设计标准的工程数量}}{\text{防洪工程总数}}\times 100\%$	《防洪标准》(GB 50201—2014)
输沙用水量	$W_C=0.1\times nS_i/\sum\limits_{i}^{n}\max(C_{ij})$	相关文献
饮用水安全保证率	水质公报或统计数据	相关文献
水资源开发利用率	水资源利用率=$\dfrac{\text{供水量或用水量}}{\text{水资源总量}}\times 100\%$	国际公认40%
功能区水质达标率	$r=\dfrac{b}{n}\times 100\%$	相关文献
DO(mg/L)	监测数据	《地表水环境质量标准》(GB 3838—2002)
生态需水满足度	生态需水满足度=Min$\dfrac{\text{实测日径流量}}{\text{多年平均径流量}}\times 100\%$	相关文献
湿地保留率	湿地保留率=$\dfrac{\text{湿地面积}}{\text{区域总面积}}\times 100\%$	相关文献
鱼类生物完整性指数	$H=-\sum(n_i/N)\log_2(n_i/N)$	IBI
珍稀物种存活状况	统计数据及其趋势	定性描述划分
景观多样性指数	$H_1=-\sum\limits_{i=1}^{n}(h_i)\times\ln(h_i)$	Shannon-Wiener指数
植被覆盖率	$R=\dfrac{S_{植}}{S_{总}}\times 100\%$	相关文献
河岸缓冲带宽度	实际调查情况	澳大利亚ISC的标准

表 2.4-9　生态航道指标评价标准

评价指标标准	5(优)	4(良)	3(中)	2(差)	1(劣)
航标设施完善率(%)	≥95	≥80	≥65	≥60	<60
通航水深保证率(%)	≥95	≥90	≥80	≥70	<70
水系连通性(个/100 km)	≤0.3	≤0.6	≤0.9	≤1.2	>1.2
船舶事故发生总数	≤50	≤100	≤200	≤300	>300
最大排蓄洪水能力	千年一遇	百年一遇	50年一遇	20年一遇	10年一遇
防洪工程措施达标率(%)	≥95	≥80	≥65	≥60	<60
输沙用水量变化率(%)	≤10	≤20	≤30	≤50	>50
饮用水安全保证率(%)	≥95	≥90	≥80	≥70	<70
水资源开发利用率(%)	<20	<30	<40	<50	≥50
功能区水质达标率(%)	≥90	≥80	≥60	≥40	<40
DO(mg/L)	≥7.5	≥6	≥5	≥3	≥2
生态需水满足度(%)	≥90	≥80	≥60	≥40	≥20
湿地保留率(%)	≥30	<30	<20	<15	<10
鱼类生物完整性指数	58~60	48~52	40~44	28~34	<22
珍稀物种存活状况	很好	较好	一般	差	极差
景观多样性指数	3.5	≥1.5	≥1.0	≥0.5	<0.5
植被覆盖率(%)	≥50	≥40	≥30	≥20	≥10
河岸缓冲带宽度(m)	1倍河宽	0.5倍河宽	0.25倍河宽	0.1倍河宽	<0.1倍河宽

上述研究从各自对航道开发建设与河流生态保护关系的理解,阐述了各自对生态航道的认识,并基于各自认识提出了生态航道的评价指标体系、评价方法等。所提指标在方法探索和社会适宜度上的提法可供本研究参考借鉴。相比河流健康而言,目前关于生态航道指标体系方面的工作还有较长的路要走,并且随着生态航道建设的不断推进,建立一套科学、完整、客观的指标体系更显迫切。

李作良等基于DPSIR模型概念的逻辑关系分析内河航运开发对河流生态系统的影响,构建出以横纵坐标系为结构框架的内河航运工程关键生态指标体系。纵向坐标轴表示影响对象——自然河流生态系统,横向坐标轴表示影响源——内河航运开发过程,纵横交叉位置表示航运开发过程具体人为措施对河流生态系统单项指标的适用性及空间尺度上的影响。

参照 Frissell 等对激流生态系统的等级划分办法,并结合航运开发过程主要内容措施的影响,将其分为3种空间尺度。廊道尺度(Corridor),航运开发对生态的影响可扩展至整个干流或个别支流,尺度范围大于 10^3 m,如渠化枢纽工程对某条河流上下游、干支流的影响。河段尺度(Segment),航运开发对生态的影响限于某个河段,尺度范围在 102～103 m 之间,如某次船舶油污排放事件的影响范围。局部河段尺度(Reach),航运开发的生态影响是局部性的,尺度范围小于 102 m,如某条整治丁坝的作用影响范围。纵向坐标轴表征河流生态系统的结构和功能特征,分为目标层、属性层、要素层和指标层。目标层明确保护对象,属性层依据航运开发过程对河流自然循环和社会服务两方面的影响,将自然河流生态系统划分为水文水动力、水环境、地貌形态、生物和社会服务 5 类属性。要素层是生态属性的细化分解和类型指标的归类。指标层为整体体系所提出的关键单项指标。横向坐标轴表征内河航运开发的过程和内容,分为开发阶段和开发内容。航运开发过程按照我国目前"建、管、养、用"的阶段划分,分为航道规划、设计施工、运营、维护和管理 5 个阶段,各阶段按航道工程类型和具体工作内容又进行细分。其中,规划可研阶段包括航道等级确定,航线规划,船型尺度设计和客货运量预测等内容;设计施工阶段包括渠化枢纽工程,航道整治坝体、护岸/护滩/护底工程,航道疏浚吹填,航道爆破和航标配布工程等;运营阶段包括船行扰动(船舶旋桨尾流和船行波),船舶污染(油污水废气、垃圾排放、船舶噪音、光污染);维护阶段包括航道测量,日常维护性疏浚,建筑物(整治建筑物和过船建筑物)水毁修复,沉船打捞;管理阶段包括航道立法、规章制度制定和日常监察执法。

李作良等构建的指标体系属性分析如下。

(1) 水文水动力。航运工程所导致的河流水文过程变化是改变河流生态系统的首要因素,是河流水环境变化和地貌变迁的直接动力。渠化枢纽工程为实现航运效益所进行的调度运行,改变了自然河流年内丰枯周期变化规律,引起河流涨落水时空分布的改变。顺坝、锁坝等封堵工程或护岸工程,限制了河流的淹没范围,导致河流水文传导率的降低。航运工程在引起水文节律变化的同时,还会引起河流的水深、流速和含沙量等水动力特征的改变。渠化枢纽所形成的水库静水生境,导致水深增大、流速变缓、泥沙沉积、水流含沙浓度降低,使水流边界条件等发生大范围的重大改变。整治坝体和疏浚工程等同样造成河流局部水动力条件的变化。因此,水文水动力属性应包含描述水量调整的水文节律和描述水流运动的水动力两方面要素。

(2) 水环境。河流水体及底部沉积物作为河流生态系统的重要组成部分,其环境质量的好坏严重影响着生态系统中浮游生物、底栖生物和鱼类等的生存。航运工程对水环境的影响主要集中在施工和运营维护阶段。渠化枢纽工程水库蓄水,库水位抬升出现水温分层现象,流速下降减少了水体的扩散输移能力和生化降解速率,增大了水体污染和富营养化风险。航道整治工程施工和运营维护阶段对水体的扰动,以及各类污染排放均对河流水环境造成严重压力。因此,将水环境属性划分为描述水体总体状况的水质要素和描述水体物理、化学含量的理化指标要素。

(3) 地貌形态。河流地貌形态是河流生态系统赖以存在的根本,其决定了河流的水文边界和宏观水文循环过程。河流侵蚀、搬运和堆积过程使河流地貌形态无时无刻处在不断演变当中,航道工程实施(渠化和整治工程等)所引起的水文水动力变化加速了地貌形态的改变,除此之外,航道开挖、吹填、炸礁等人为施工的直接作用也极大地影响河流的地貌演化过程。该属性层从描述河流自然形态属性的连通性、描述河流基本形态特征、描述河岸被侵蚀状况的植被特征和描述自然地貌保存方面的栖息生境4方面要素进行。

(4) 生物。不同于早期通过河流水环境的物理、化学指标分析判断河流水生态系统状况的评价方法,将水生生物特征作为重要监测指标,开展以水生生物响应为主的生物监测,能全面、综合、较高水平地反映多污染源的长期影响。生物属性能集中反映航运开发各项内容导致河流生境条件变化对生物类群的影响,其涵盖以浮游藻类为代表的初级生产者、以底栖动物为代表的低级消费者和以鱼类为代表的高级消费者的生物类群,分为描述各代表物种结构分布的多样性属性和描述种群存活状态的种群质量属性两个方面。

(5) 生态服务。生态系统服务功能是人类生存和发展的基础。河流生态系统服务功能体现为淡水供应、水能提供、物质生产、生物多样性维持、生态支持、环境净化、灾害调节、休闲娱乐和文化孕育等方面。基于航运开发与保护的生态航道概念,既要求河流维持自身生命的健康,又能持续地为人类航运需求提供服务。因此,针对人类航运开发的生态服务属性,分为描述航道通行能力的通航保障要素和描述航道景观与文化展示的美丽要素两个方面。

内河航运开发对河流生态系统的影响面向多层次对象,源于多作用过程,适用于多空间尺度。指标选取应遵循目标明确、指标科学且全面、具有代表性和可操作性的原则。通过分析各单项指标的内涵、代表性和适用性,建立航运开发过程和内容对各项指标的适用性及作用尺度关系,最终确定出26个关键生态指标。李作良等构建的内河航运工程关键生态指标体系见表2.4-10。

表 2.4-10 生态航道关键指标体系

对象层	属性层	要素层	指标层	序号	规划 航道等级	规划 航线规划	规划 标准船型	规划 运量预测	设计施工 渠化工程	设计施工 整治坝体	设计施工 岸滩守护	设计施工 航道疏浚吹填	设计施工 航标工程	运营 旋桨尾流	运营 船行波	运营 船舶噪音	运营 光污染	运营 油污排放	维护 日常疏浚	维护 水毁修复	维护 航道测量	维护 沉船打捞	管理 规章制度	管理 执法监察
自然河流生态系统	水文水动力	水文节律	径流量变化率	1	C				C															
	水动力		水深变化	2	C	R			C	R	S	S			R				R	R	R	R		
			流速变化	3	C	R			C	R	S	S			R				R	R	R	R		
			含沙量变化	4	C	R			C	R	S	S			R				R	R	R			
	水环境	水质	水质达标率	5	C	C			C	R	R	R							R	R	R	R		
			溶解氧	6	C	R			C	R								S						
			pH	7						R								S						
		理化指标	营养盐	8	C				S		S							S						
			重金属	9	C				S	R		S			S			S						
			石油类	10					S									S						
	地貌形态	形态特征	平面形态	11	C	C			C	R	R	R			R				R	R	R			
			比降调整	12	C	R			C	R	S	S			R				R	R	R			
		连通性	纵向连续性	13	C				C		S	R							R			R		
			横向连通性	14	C							R												
			垂向透水性	15								R												
		植被特征	河岸植被覆盖率	16	C	C			C	R	S	R	R					S	R	R	R	R		
		栖息生境	浅水生境保留率	17	C	C			C	R	R	R							R	R	R			

续表

对象层	属性层	要素层	指标层	序号	航道等级	航线规划	标准船型	运量预测	渠化工程	整治坝体	岸滩守护	航道疏浚吹填	航道爆破	航标工程	旋桨尾流	船行波	船舶噪音	光污染	油污排放	日常疏浚	水毁修复	航道测量	沉船打捞	规章制度	执法监察
					规划	规划	规划	规划	设计施工	设计施工	设计施工	设计施工	设计施工	设计施工	运营	运营	运营	运营	运营	维护	维护	维护	维护	管理	管理
自然河流生态系统	生物	物种多样性	植物物种多样性	18				C	C	R	S	R			C	C	C	C	C						
自然河流生态系统	生物	物种多样性	底栖动物多样性	19				C	C	R					C	C	C	C	C						
自然河流生态系统	生物	物种多样性	鱼类物种多样性	20		R		C	C	R	S		R		C	C	C	C	C						
自然河流生态系统	生物	种群质量	种群密度	21		R		C	C	R	S	S	R		C	C	C	C	C	R	R		R		
自然河流生态系统	生物	种群质量	珍稀物种生存活状况	22							R	S	R		S	S	S	S	S		R				
自然河流生态系统	社会服务	通航保障	通航保证率	23	C			C		R			R												
自然河流生态系统	社会服务	通航保障	服务保障能力	24			C		S			S		C	S	S	S	S	S	R	R	R	R	C	C
自然河流生态系统	社会服务	美丽航道	景观舒适度	25						R				R			R	R			R	R	R	C	C
自然河流生态系统	社会服务	美丽航道	航道文化	26	R																	R	R	C	C

注:C 表示廊道尺度,S 表示河段尺度,R 表示局部河段尺度。

第三章

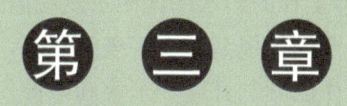

乌江黄颡鱼国家级水产种质资源保护区状况

3.1 引言

水产种质资源保护区是水产种质资源就地保护的一种有效形式。自 2007 年 12 月,农业部以〔农业部公告第 947 号〕公布国家级水产种质资源保护区(第一批)名单以来,截至 2019 年 9 月,中华人民共和国农业农村部共公布十一批 535 处国家级水产种质资源保护区。这些保护区可保护上百种国家重点保护渔业资源种类及其产卵场、索饵场、越冬场、洄游通道等关键栖息场所。

2014 年批准设立的乌江黄颡鱼国家级水产种质资源保护区是乌江干流唯一的一处国家级水产种质资源保护区,规划的 1 000 吨级航线将不可避免地穿越保护区。而需要开展航道整治工程的彭水库区回水变动段又恰恰位于保护区的核心区,航道整治方案设计既要满足规划航道等级的要求,又要切实保护鱼类种质资源,配合环境影响评价工作的顺利开展。了解和掌握保护区的基本状况,掌握黄颡鱼的生物学和生态学特征,分析历年的水生态调查数据是开展航道整治方案工作的基础和前提。

3.2 保护区基本情况

根据农业部 2011 年颁布的《水产种质资源保护区管理暂行办法》,水产种质资源保护区的设立是为了加强水产种质资源保护。保护区可分为国家级水产种质资源保护区和省级水产种质资源保护区。根据保护对象资源状况、自然环境及保护需要,水产种质资源保护区可以划分为核心区和实验区。

截至 2019 年 9 月,全国范围内共公布十一批 535 个国家级水产种质资源保护区。贵州省自 2009 年设立首个国家级水产种质资源保护区以来,目前已在全省范围内设立 24 处国家级水产种质资源保护区(表 3.2-1)。

表 3.2-1　贵州省国家级水产种质资源保护区

编号	保护区名称	位置	主要保护对象	批次(年份)
5201	锦江河特有鱼类国家级水产种质资源保护区	铜仁市	黄颡鱼 鳜鱼	3(2009)
5202	蒙江坝王河特有鱼类国家级水产种质资源保护区	罗甸县	斑鳜	3(2009)

续表

编号	保护区名称	位置	主要保护对象	批次(年份)
5203	太平河闵孝河特有鱼类国家级水产种质资源保护区	江口县	小口白甲 黄颡鱼	5(2011)
5204	㵲阳河特有鱼类国家级水产种质资源保护区	玉屏县	鲶 大鳍鳠	6(2012)
5205	马蹄河鲶黄颡鱼国家级水产种质资源保护区	德江县	鲶 黄颡鱼	6(2012)
5206	龙川河泉水鱼鳜国家级水产种质资源保护区	石阡县	鳜 泉水鱼	6(2012)
5207	六冲河裂腹鱼国家级水产种质资源保护区	赫章县	昆明裂腹鱼 四川裂腹鱼	6(2012)
5208	油杉河特有鱼类国家级水产种质资源保护区	大方县	黄颡鱼 白甲鱼	6(2012)
5209	龙底江黄颡鱼大口鲇国家级水产种质资源保护区	思南县	黄颡鱼 大口鲇	7(2013)
5210	印江河泉水鱼国家级水产种质资源保护区	印江县	泉水鱼 黄颡鱼	7(2013)
5211	乌江黄颡鱼国家级水产种质资源保护区	沿河县	黄颡鱼	8(2014)
5212	芙蓉江大口鲇国家级水产种质资源保护区	道真县	大口鲇	8(2014)
5213	翁密河特有鱼类国家级水产种质资源保护区	台江县	黄颡鱼 鳜	9(2015)
5214	北盘江九盘段特有鱼类国家级水产种质资源保护区	关岭县	唇䱻、黄颡鱼、鳜、鲶	9(2015)
5215	松桃河特有鱼类国家级水产种质资源保护区	松桃县	唇鲭、鳜、鲇	9(2015)
5216	谢桥河特有鱼类国家级水产种质资源保护区	铜仁市	鲇、小口白甲、鳜	9(2015)
5217	马颈河中华倒刺鲃国家级水产种质资源保护区	务川县	中华倒刺鲃	9(2015)
5218	清水江特有鱼类国家级水产种质资源保护区	剑河县	黄颡鱼、大鳍鳠、鳜	9(2015)
5219	西泌河云南光唇鱼国家级水产种质资源保护区	晴隆县	云南光唇鱼	9(2015)
5220	芙蓉江特有鱼类国家级水产种质资源保护区	绥阳县	四川裂腹鱼、鲈鲤	10(2016)
5221	座马河特有鱼类国家级水产种质资源保护区	紫云县	白甲鱼、鲶鱼、 唇䱻、黄颡鱼	10(2016)
5222	龙江河光倒刺鲃国家级水产种质资源保护区	岑巩县	光倒刺鲃	11(2017)
5223	龙江河裂腹鱼国家级水产种质资源保护区	镇远县	齐口裂腹鱼、黄颡鱼	11(2017)
5224	舞阳河黄平段瓦氏黄颡鱼国家级水产种质资源保护区	黄平县	瓦氏黄颡鱼	11(2017)

乌江黄颡鱼国家级水产种质资源保护区总面积859公顷,其中核心区面积658公顷,实验区面积201公顷(图3.2-1)。特别保护期为每年2月1日—8月31日。保护区位于贵州省铜仁市沿河土家族自治县思渠镇的暗溪河口至淇滩镇的沙沱大坝江段及乌江一级支流白泥河、坝沱河,地理坐标范围在东经108°19′42″~108°31′58″,北纬28°28′46″~28°40′44″之间。主要保护对象为黄颡鱼,其他保护对象包括大口鲶、中华倒刺鲃、白甲鱼、泉水鱼、铜鱼、瓣结鱼、瓦氏黄颡鱼、光泽黄颡鱼、岔尾黄颡鱼等。

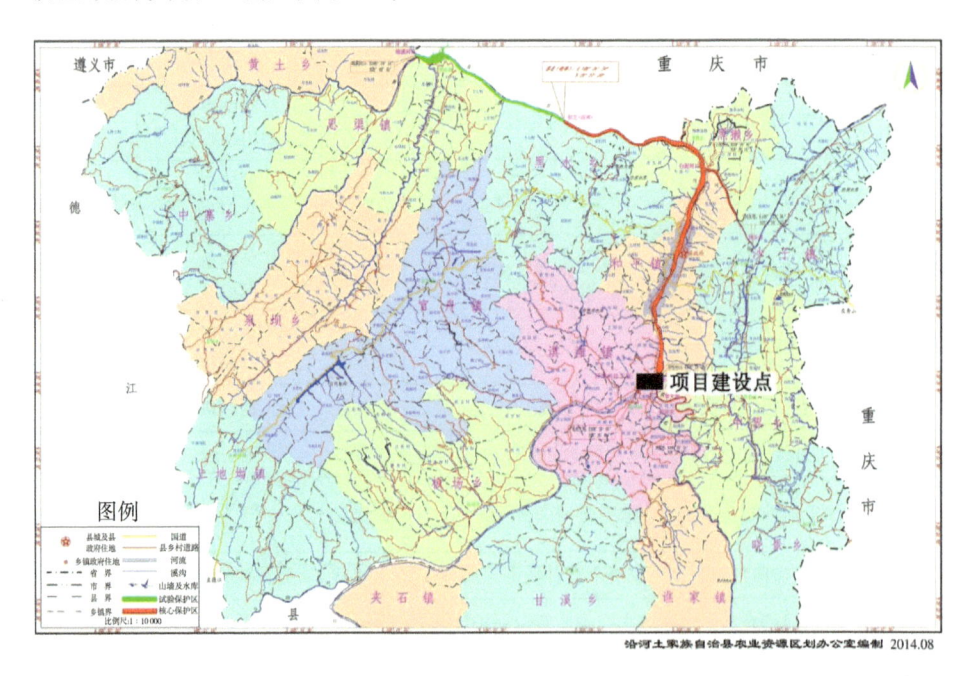

图3.2-1 乌江黄颡鱼水产种质资源保护区功能区划示意图

保护区位于贵州省东北、铜仁市西北部的沿河土家族自治县境内,涉及沿河土家族自治县淇滩、沙子、中界、和平、黑獭、黑水、思渠等8个乡镇31个村,流程48.83 km,如图3.2-2所示。

(1)核心区。核心区地理位置包括3段:①沙沱电站大坝至黎芝(新滩)江段,长约25.22 km,面积572.62公顷;②白泥河河口至白泥河上游回头弯江段,长约5.86 km,面积48.16公顷;③坝沱河河口至坝沱河上游照渡坝江段,长约7.19 km,面积36.63公顷。

(2)试验区。试验区地理位置为暗溪河口至黎芝(新滩)江段,长约10.56 km,面积201.4公顷。

保护区生境特点：乌江沿河段森林植被较好，生物群落种类丰富，河流幽静，自然环境良好，水生生物资源丰富，生物多样性良好。思渠镇暗溪河口至淇滩镇沙沱大坝的核心区江段属彭水水库消落区，以静缓流生境为主，底质以卵石、岩石、礁石为主，岩缝发育，回水水流及错落分布的浅水河滩与深水水域形成了多种生态格局。

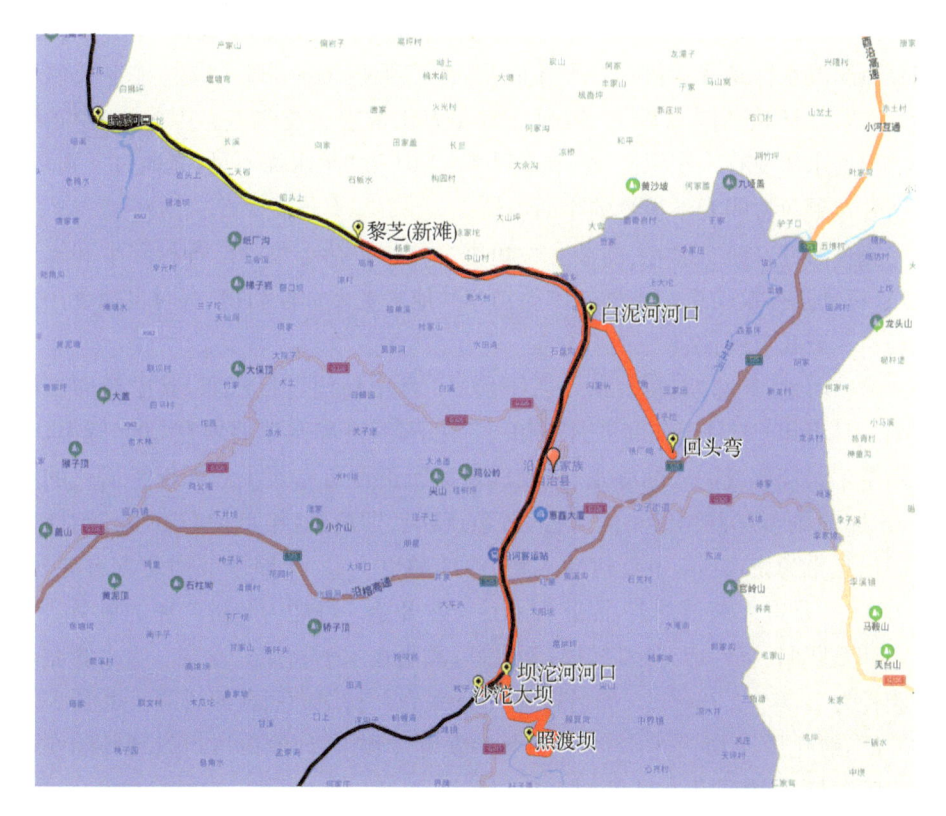

图 3.2-2　乌江黄颡鱼国家级水产种质资源保护区核心区与实验区示意图
（图中标红部分为核心区，标黄部分为实验区）

3.3　黄颡鱼生物学和生态学习性

分类地位：鲇形目（Siluriformes）—鲿科（Bagridae）—黄颡鱼属（*Pelteobagrus*）

拉丁文名称：*Pelteobagrus fulvidraco*，(Richardson，1846)

保护等级：无危(LC)

分布区域：珠江、闽江、湘江、长江、黄河、海河、松花江及黑龙江等水系。国外分布于老挝、越南以及俄罗斯西伯利亚东南部。

俗名：戈牙、咯鱼、嘎鱼、草姑、黄龙、甲甲、黄腊丁、黄拐头、黄骨鱼。

栖息习性：多在静水或江河缓流中活动，营底栖生活。白天栖息于湖水底层，夜间则游到水上层觅食。对环境的适应能力较强。幼鱼多在江湖沿岸觅食。黄颡鱼属温水性鱼类，生长于水体底层，生存温度 6～38℃，最适宜生长温度 25～28℃，pH 值范围 6.0～9.0，耐低氧能力比常规鱼类略差。因此，养殖黄颡鱼的池塘水体要有一定深度，必须达到 2 米以上，如果水深不足，光照过于强烈，不适合黄颡鱼喜弱光下摄食的生活习性。

摄食习性：肉食性为主的杂食性鱼类。食物包括小鱼、虾、各种陆生和水生昆虫(特别是摇蚊幼虫)、小型软体动物和其他水生无脊椎动物，有时也捕食小型鱼类。一般在夜间捕食。

繁殖习性：产卵期较长，从 4 月下旬—9 月中旬均可见产卵，其中产卵高峰期为 5 月下旬—6 月上旬和 6 月下旬—7 月下旬，产卵水温要求在 20℃ 以上，常在水草生长茂盛或泥底的静水、浅水区产卵。黄颡鱼有筑巢产卵保护后代的特性，产卵前雄鱼有掘泥做巢的习性，雌鱼产卵后即离去，雄鱼护卵直到仔鱼能自由游出鱼巢为止，2～4 冬龄达性成熟(约 3 龄以上)。产卵季节南北方有差异，南方 4—5 月进入繁殖季节，而北方 6 月份才开始。可能为分批产卵的鱼类。

卵及胚胎：沉性卵，外具胶膜，强黏性，黏附在水下物体上发育。吸水膨胀后卵膜径为 1.86～2.26 mm。卵呈扁圆形，浅黄色。初级卵膜薄而透明。水温 23～24℃ 时，孵化历经 56.5～57 小时。胚胎发育过程中，卵裂阶段可发现胚胎在卵膜内不断旋转，胚层下包 1/2 时即出现胚盾。

出膜胚胎：出膜时胚胎全长 4.8～5.5 mm，鱼体无色透明。腹部卵黄囊较大，上面分布着血管网，可见无色血液流动。仔鱼侧卧水底，肌节 45 对，从第 12 对肌节起胚体后段与卵黄囊分离。脊索从后脑末部伸达尾部，脊索末端上翘，仔鱼呈头大尾细小，形似蝌蚪。颌须 1 对，鳃裂 4 对。全长为 6～6.5 mm 时，口开启，下位。头背部有黑色素。颌须比第一天伸长约 1 倍。颌须的前缘有节状的乳突。胸鳍扩大，颌须 2 对出现。全长约 8.5 mm 时，胸鳍、尾鳍部分鳍条明显形成并有黑色素分布。臀鳍条原基出现，卵黄囊缩小。此时鱼以头顶头的形式集群游动，场内已充满黄绿色代谢物。

仔鱼：全长约 9 mm 时，卵黄囊尚残存部分，胃肠与肛门相通。开始摄食，胃中充满浮游动物。肠呈直管状,鳔充气。臀鳍开始形成鳍条。鼻须出现1对。全长10～11 mm时,卵黄囊消失。尾鳍条形成18条、胸鳍15条、臀鳍16条。背鳍开始形成,鳍条出现。颌须达鳃盖后缘。鼻须长约等于眼径。全长11～12 mm时,腹鳍芽出现。颌须长超过鳃盖后缘,鼻须可达眼后,但鳍褶还未完全消失。

稚鱼:全长13～15 mm时,体背部黑色,腹部淡黄透明可见肠管。在眼球后方各有一白色斑。位于头背面,从鳃盖后缘至胸鳍基部有一条白色斑条。各鳍已全部形成,臀鳍和脂鳍褶尚未完全消失。尾鳍分叉,尾上叶稍长于下叶。头胸部膨大,尾细长,形似蝌蚪。全长17～19 mm时,各器官都已发育完善,鳍褶完全消失。整个鱼体外形、体色均似成鱼。

地理分布:除西部高原及新疆外,广布于中国东部太平洋各水系。

调查中发现,黄颡鱼主要繁殖的水域水浅,底质硬,有一定滩脚,透明度高,水流缓慢,饵料资源丰富,适宜黄颡鱼筑巢孵化(图3.3-1、图3.3-2)。

根据观察,黄颡鱼胚胎发育在水温18～20℃时,孵化时间为85～96 h,水温22～25℃时,孵化时间为60～70 h,刚孵化出仔鱼卧底,5～6 d后能自由游动,开始摄食。

黄颡鱼卵具有黏性,在黄颡鱼繁殖季节通过改善繁殖条件,增设人工鱼巢,如投放茶树根、废旧网片、竹帘等,弥补自然繁殖条件的不足,增加黄颡鱼产卵活动场所,提高受精卵孵化率。

图3.3-1 黄颡鱼

[摘自《长江上游珍稀特有鱼类国家级自然保护区鱼类图集》(科学出版社,2015年),危起伟、吴金明著]

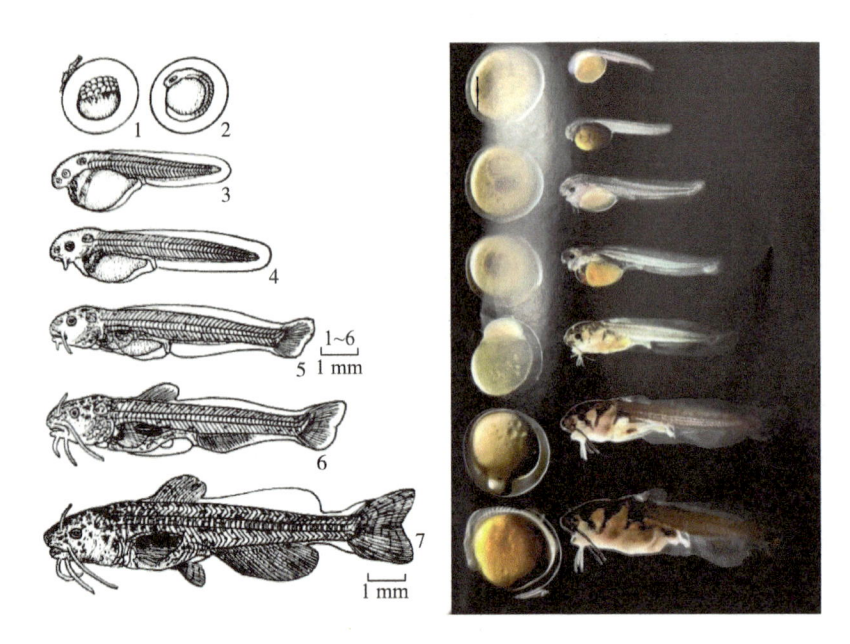

图 3.3-2　黄颡鱼早期形态

[摘自《长江鱼类早期资源》(中国水利水电出版社,2007年),曹文宣、常剑波、乔晔、段中华著]

3.4　保护区水生态调查

3.4.1　调查内容与范围

调查时间：
2019年2月22日—25日和3月15日—16日。
调查内容：
(1) 浮游动植物和底栖生物种类、密度及生物量；
(2) 大型水生植物种类及分布；
(3) 鱼类资源区系组成,资源数量(尤其主要保护对象资源量)；
(4) 珍稀、濒危和特有鱼类；
(5) 保护区范围鱼类"三场"及洄游通道；
(6) 主要保护对象鱼类早期资源状况。

调查范围：

浮游生物、底栖生物和大型水生植物采样设定3个采样断面(图3.4-1)。1号断面位于坝沱河和乌江干流交汇处下游500 m位置；2号断面位于沙沱电站坝址下，3号断面位于坝沱河入河口上游500 m处。

鱼类资源调查范围为乌江彭水库区沿河段，重点为保护区黎芝(新滩)至沙沱电站大坝，坝沱河口至坝沱河上游的照渡坝河段(图3.4-2、图3.4-3)。

调查方法：

通过查阅乌江中下游相关文献资料，走访当地水产部门和沿乌江的居民，了解不同季节鱼类主要集中地和鱼类种群组成，结合鱼类生物学特性和水文学特征，分析鱼类"三场"分布情况，并通过现场调查确认。

图3.4-1 浮游生物、底栖生物和大型水生植物采样断面示意图

图 3.4-2 坝沱河采样现场

图 3.4-3 坝沱河生境

3.4.2 调查成果

1. 鱼类种类组成

近两年在沿河县共采到鱼类标本 31 种 161 尾,分属 3 目 8 科 26 属,其中鲤形目 18 种,占 58.06%;鲇形目 9 种,占 29.03%;鲈形目 4 种,占 12.90%(表 3.4-1)。

种类组成上,鲤形目鱼类占绝对多数,在捕获的 161 尾鱼类标本中,鲤科鱼类有 73 尾,占 45.34%,鲤科是调查水域的主要组成鱼类。没有发现洄游性鱼类,发现了胭脂鱼、岩原鲤等珍稀、保护鱼类。保护区内核心区与试验区鱼类组成基本无差异,流水和急流生境鱼类较多。黄颡鱼、草鱼、斑鳜、鳙是保护区当地渔民的主要渔获物。

尾数超过总数 10% 的优势种有斑鳜和鳘两种,这两种鱼占渔获物总尾数的 39.13%。按生物量分析,斑鳜、斑点叉尾鮰和鳙分别占渔获物重量的 22.34%、8.99% 和 8.85%,共占渔获物重量的 40.18%,是渔获物的主要组成。

采集到保护区保护对象黄颡鱼属鱼类标本 9 尾。体重在 18~91 g 之间,平均尾重 49 g,年龄均为 1+。

表 3.4-1 调查渔获物分析

种类	体长(mm) 范围	体长(mm) 均值	体重(g) 范围	体重(g) 均值	尾数 尾	尾数 %	体重 g	体重 %
白边拟鲿	106~133	119.3	18~39	26.0	4	2.48	104	0.61
斑鳜	117~276	169.2	26~521	126.2	30	18.63	3 786	22.34
鳘	105~173	144.3	13~70	27.5	33	20.50	907	5.35
粗唇鮠	89~195	140.0	9~210	66.1	14	8.70	856	5.05
大口鲇	203~236	216.3	68~142	93.7	3	1.86	281	1.66
大鳍鳠	135~283	199.8	21~145	71.0	6	3.73	426	2.51
大眼鳜	123~125	124.0	38~55	46.5	2	1.24	93	0.55
黄颡鱼	140	140.0	56	56.0	1	0.62	56	0.33
宽鳍鱲	107~142	124.5	26~57	41.5	2	1.24	83	0.49
鲤	142~340	210.0	87~745	329.3	3	1.86	988	5.83
鲇	156	156.0	44	44.0	1	0.62	44	0.26

续表

种类	体长(mm) 范围	体长(mm) 均值	体重(g) 范围	体重(g) 均值	尾数 尾	尾数 %	体重 g	体重 %
泉水鱼	173~198	183.2	16~136	94.4	5	3.11	472	2.78
瓦氏黄颡鱼	113~173	143.5	18~91	54.0	6	3.73	306	1.81
胭脂鱼	178	178.0	148	148.0	1	0.62	148	0.87
岩原鲤	122~149	186.2	43~262	169.8	5	3.11	849	5.01
云南光唇鱼	168~191	179.5	96~145	120.5	2	1.24	241	1.42
长须黄颡鱼	113~145	129.0	30~49	39.5	2	1.24	79	0.47
中华沙鳅	80~81	80.5	7	7.0	2	1.24	14	0.08
鳊	372~478	425.0	238~1 262	750.0	2	1.24	1 500	8.85
斑点叉尾鮰	295~327	313.5	294~485	380.8	4	2.48	1 523	8.99
中华倒刺鲃	217	217.0	465	324.0	3	1.86	972	5.74
鳜	85~205	129.5	18~256	71.2	13	8.07	926	5.46
鲫	172~225	194.3	180~390	261.7	3	1.86	785	4.63
草鱼	140~225	225.0	51~205	147.7	3	1.86	443	2.61
黑鳍鳈	103~134	118.5	18~47	32.5	2	1.24	65	0.38
花䱻	155~195	168.3	51~67	57.0	3	1.86	171	1.01
长江孟加拉鲮	193	193.0	140	140.0	1	0.62	140	0.83
团头鲂	204	204.0	230	230.0	1	0.62	230	1.36
大口黑鲈	244	244.0	355	355.0	1	0.62	355	2.09
蛇鮈	126~161	143.5	22~43	32.5	2	1.24	65	0.38
吻鮈	15	15.0	40	40.0	1	0.62	40	0.24
合计					161		16 948	

注：本书计算数据或因四舍五入原则,存在微小数值误差。

2. 洄游鱼类

乌江位于长江上游右岸,受三峡、葛洲坝等水电站大坝影响,鱼类与长江下游及海洋鱼类交流通道已经阻断。目前乌江干流梯级开发已基本结束,中下游梯级基本衔接,保留的天然流水生境较少。同时,乌江主要支流也不同程度地进行了梯级开发,与干流不同程度阻断。这些干、支流梯级水电站均未建设鱼道、升鱼机等过鱼设施。本保护区位于彭水电站库区水域,属乌江中下游河段,鱼类洄游、迁移通道已被阻断。

调查水域没有发现鱼类长途洄游现象。但据了解,历史记录的鳗鲡等降河洄游性鱼类已多年未发现,可能与长江、乌江干流多个梯级水电站建设阻断了其洄游通道有关。

3. 珍稀濒危特有鱼类

根据《贵州乌江水电开发环境影响后评价水生生态专题研究报告》、《乌江黄颡鱼国家级水产种质资源保护区综合考察报告》、《四川鱼类志》、《贵州鱼类志》、《中国动物志·硬骨鱼纲:鲤形目》和《中国动物志·硬骨鱼纲:鲇形目》等文献资料,乌江中下游鱼类共 109 种。

列为国家Ⅱ类保护的水生野生动物有胭脂鱼。

列入《中国濒危动物红皮书·鱼类》和《中国物种红色名录(第一卷 红色名录)》易危种(VU)的有胭脂鱼、鳡、长薄鳅、岩原鲤 4 种;

列入《中国物种红色名录(第一卷 红色名录)》濒危种(EN)的有灰裂腹鱼和白缘鉠;

列入《IUCN 濒危物种红色名录》濒危种(EN)的有黑缘鉠。

4. 产卵场

调查水域鱼类以产沉(黏)性卵鱼类为主。主要分为两类:

一类是适应缓流和静水中繁殖的种类,其黏附基质是水生植物、漂浮物、岩石和人工养殖网箱等,主要产卵鱼类有黄颡鱼、鲤、鲫、麦穗鱼等;部分产卵黏附于岩石上,礁石林立的沿岸浅水区,如粗唇鮠、鳜、花鳅等;还有一些鱼类在平缓沙质沿岸浅水区繁殖,如棒花鱼、波氏栉鰕虎鱼等。

另一类需要流水条件的产沉(黏)性卵鱼类,如云南光唇鱼、中华倒刺鲃、瓣结鱼、宽鳍鱲、墨头鱼等,库区原有产卵场被淹没,其产卵场退缩至库尾和支流,库尾由于受上游沙沱电站调度的影响,水位涨落比较大,流速快,不适宜产卵。

资料显示,彭水水库蓄水前,乌江中下游鱼类产卵规模相对集中的水域为淇滩、龚滩等河段,产卵鱼类主要有双斑副沙鳅、长鳍吻鮈、犁头鳅、中华沙鳅等产漂流性卵鱼类。彭水水库建成蓄水后,龚滩河段被淹没,失去原有产卵场功能。

5. 越冬场

调查水域库区普遍水深较大,适宜鱼类越冬,冬季没有凝冻现象,没有发现鱼类越冬场。

6. 索饵场

调查河段属彭水水库库区,水流较为平缓,属峡谷型水库,没有发现鱼类集中索饵的索饵场。

3.5　小结

本章通过收集乌江黄颡鱼国家级水产种质资源保护区有关保护区范围、保护对象、核心区和实验区划分等基本资料,总结保护区主要保护对象黄颡鱼的生物学与生态学特征,结合保护区水生态调查资料,从而掌握黄颡鱼栖息习性与栖息地特征,为即将开展的栖息地评价提供基础支撑。

第四章

鱼类栖息地评价模型

4.1 引言

航道整治工程通过疏挖航槽、切咀,修建护岸、护滩、筑坝、导流等航道整治建筑物改造天然河流形态,以期形成特定空间尺度和水流流态供船舶安全顺畅航行的水运通道。航道整治工程对河流影响最大的两个变量分别是流速和水深,以往的航道整治工程依赖河工物理模型和水流数学模型研究工程方案对河流水深和流速流态的影响,能够满足工程设计的需要。近年来,绿色航道建设要求将绿色生态的理念贯穿在航道规划、设计、施工和养护全过程中,对航道设计方案优劣的评价,不仅关注方案满足船舶航行方面的能力,而且要求方案具备减缓和恢复河流自然生境的功能。因此,鱼类栖息生境成为航道工程生态保护关注的重点,而如何评价航道工程对鱼类栖息生境的影响,反过来,如何以鱼类栖息生境优化航道工程设计方案成为研究的重点和难点。

本章首先介绍航道整治工程方案研究中常用的水流数值模拟工具——平面二维水动力数学模型;其次引入开展鱼类栖息地评价的定量化指标——栖息地适宜度,构建鱼类栖息地评价模型;最后依托乌江三级航道工程,分别以长河段和局部滩段为研究对象,开展栖息地评价模型搭建和验证,明确长河段和局部滩段的模拟工况。

4.2 平面二维水动力数学模型

对于平面大范围的自由表面流动,垂向尺度一般远小于平面尺度,在此条件下,可引入浅水静压假设来简化基本控制方程。静压假设就是假设沿水深方向的压力遵循静水压力分布,同时对基本的质量和动量守恒方程在水深方向积分以便引入平均化处理,可以导出如下的二维浅水流动控制方程。

连续方程:

$$\frac{\partial H}{\partial t} + \frac{\partial Hu}{\partial x} + \frac{\partial Hv}{\partial y} = 0 \tag{4.1}$$

运动方程:

$$\frac{\partial u}{\partial t} + u\frac{\partial u}{\partial x} + v\frac{\partial u}{\partial y} = fv - g\frac{\partial \zeta}{\partial x} - gu\frac{\sqrt{u^2+v^2}}{C^2 H} + \nu\left(\frac{\partial^2 u}{\partial x^2} + \frac{\partial^2 u}{\partial y^2}\right) \tag{4.2}$$

$$\frac{\partial v}{\partial t}+u\frac{\partial v}{\partial x}+v\frac{\partial v}{\partial y}=-fu-g\frac{\partial \zeta}{\partial y}-gv\frac{\sqrt{u^2+v^2}}{C^2H}+\nu\left(\frac{\partial^2 v}{\partial x^2}+\frac{\partial^2 v}{\partial y^2}\right)$$

(4.3)

上述方程中 H 代表水深，u、v 代表垂线平均流速，x、y 及 t 为平面坐标与时间。C 与 ν 为谢才系数与涡黏系数，f 为科氏力系数。水位函数 $\zeta(x,y,t)$ 可由水深 $H(x,y,t)$ 和河底高程 $h(x,y)$ 确定。

4.2.1 控制方程离散

基于非结构网格，对方程式(4.1)、(4.2)和(4.3)采用有限元离散：

$$A_{ij}\frac{\mathrm{d}z_i}{\mathrm{d}t}=-D1_{ij}(Hu)_j-D2_{ij}(Hv)_j \qquad (4.4)$$

$$A_{ij}\frac{\mathrm{d}u_i}{\mathrm{d}t}=-B_{ij}u_j-v(C_{ij}+D_{ij})u_j+f_x \qquad (4.5)$$

$$A_{ij}\frac{\mathrm{d}v_i}{\mathrm{d}t}=-B_{ij}v_j-v(C_{ij}+D_{ij})v_j+f_y \qquad (4.6)$$

其中 $A_{ij}=\iint \phi_k \phi_i \frac{\partial \phi_j}{\partial y}\mathrm{d}x\mathrm{d}y$，$B_{ij}=\iint \phi_k \phi_i \frac{\partial \phi_j}{\partial x}\mathrm{d}x\mathrm{d}y + \iint \phi_k \phi_i \frac{\partial \phi_j}{\partial y}\mathrm{d}x\mathrm{d}y$，$C_{ij}=\iint \left(\frac{\partial \phi_i}{\partial x}\frac{\partial \phi_j}{\partial x}+\frac{\partial \phi_i}{\partial y}\frac{\partial \phi_j}{\partial y}\right)\mathrm{d}x\mathrm{d}y$，$E_{ij}=\int \frac{\partial \phi_j}{\partial y}\phi_i\mathrm{d}x - \frac{\partial \phi_j}{\partial x}\phi_i\mathrm{d}y$，$\phi$ 为形函数，f_x，f_y 分别为 x、y 方向的源项。

4.2.2 基于非结构化网格的高分辨率格式的构造

对流项的中心差分离散虽然具有比较高的离散精度，但其未充分考虑到对流的上风影响效应，因此导出的离散方程具有某种程度的病态性质，即系数矩阵的严重非对称性及非对角占优，往往导致振荡的数值解。简单的一阶迎风虽然可以有效地消除数值振荡，但往往引入了过大的人工黏性。近年来发展起来的高分辨率格式，如 TVD、ENO 是解决上述问题的有效方法。在高分辨率格式构造中，通过引入与解的性质有关的限制因子 Limiter，使计算格式既具有较高的离散精度同时又避免解的高频振荡。本书采用在非结构化网格条件下引入 Limiter 来保证格式的高分辨率性质——离散的高精度与解的保单调性。

以如下的对流——扩散方程为例：

$$\frac{\partial \varphi}{\partial t} + \frac{\partial u_j \varphi}{\partial x_j} = \frac{\partial}{\partial x_j} d \frac{\partial \varphi}{\partial x_j} + f \tag{4.7}$$

设式(4.7)经空间半离散后,可写成常微分方程组形式:

$$\boldsymbol{M} \frac{\mathrm{d}\varphi_i}{\mathrm{d}t} = \sum c_{ij}\varphi_j + b_i \tag{4.8}$$

这里,$\boldsymbol{M}$ 代表集中质量矩阵,c 代表影响系数,b 代表源项,j 为围绕结点 i 的邻近结点个数(图 4.2-1)。

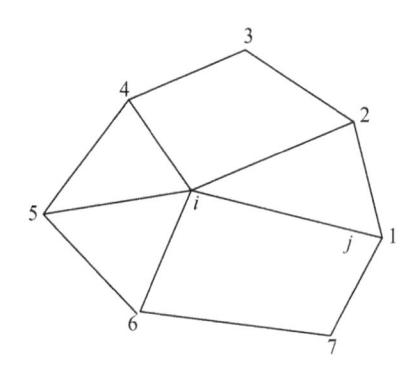

图 4.2-1 围绕 i 的单元与结点

由于均匀流场的净输运为零,不难证明影响系数满足如下关系 $\sum\limits_{i} c_{ij} = 0$。因此,当不考虑源项影响时 $b_i = 0$,半离散的输运方程可写成:

$$\boldsymbol{M} \frac{\mathrm{d}\varphi_i}{\mathrm{d}t} = \sum_{i \neq j} c_{ij}(\varphi_j - \varphi_i) \tag{4.9}$$

假设影响系数是非负的 $c_{ij} \geqslant 0, i \neq j$,则该格式是稳定的。若 φ_i 是局部最大值,即 $(\varphi_j - \varphi_i) \leqslant 0$,则 $\mathrm{d}\varphi_i/\mathrm{d}t \leqslant 0$,因此局部最大值不增。类似地,若 φ_i 是局部最小值,即 $(\varphi_j - \varphi_i) \geqslant 0$,则 $\mathrm{d}\varphi_i/\mathrm{d}t \geqslant 0$,因此局部最小值不减。这种最大值不增、最小值不减的 TVD 性质或保单调性质,可避免解的数值振荡。

对于对流占优问题,中心差分离散或 Galerkin 有限元离散通常不具有正影响系数的性质,可以在格式中加入 Laplace 形式的人工耗散以避免解的数值振荡。对于离散形式,人工耗散 D 可写成:

$$D = \sum_{j \neq i} \alpha_{ij}(\varphi_j - \varphi_i) \tag{4.10}$$

正定性条件要求$|\alpha_{ij}|\geqslant|c_{ij}|$。然而以上的人工耗散只具有一阶精度。高分辨率格式可被理解为仅加入尽可能小的人工耗散,使格式既具有较高的离散精度又保证解的不振荡。

首先以一维标量输运方程为例,考虑其空间半离散方程:

$$\mathbf{M}\frac{\mathrm{d}\varphi_i}{\mathrm{d}t}=c_{i-1}\varphi_{i-1}+c_i\varphi_i+c_{i+1}\varphi_{i+1}+b_i \qquad (4.11)$$

对于对流占优问题,中心差分或 Galerkin 有限元离散的影响系数 c_{i-1} 或 c_{i+1} 可能为负,可以在式(4.11)中加入一阶精度的数值耗散 d 以便得到保单调格式:

$$\mathbf{M}\frac{\mathrm{d}\varphi_i}{\mathrm{d}t}=c_{i-1}\varphi_{i-1}+c_i\varphi_i+c_{i+1}\varphi_{i+1}+d_{j-1}+d_{j+1}+b_i \qquad (4.12)$$

其中

$$d_{j+1}=|c_{j+1}|(\Delta\varphi_{j+1})^- \qquad (4.13)$$

$$d_{j-1}=-|c_{j-1}|(\Delta\varphi_{j-1})^+ \qquad (4.14)$$

"Δ"代表差分,上标"+""-"代表前差与后差,

$$(\Delta\varphi_{j+1})^-=(\varphi_{j+1}-\varphi_j),(\Delta\varphi_{j-1})^+=(\varphi_j-\varphi_{j-1}) \qquad (4.15)$$

利用式(4.9)、(4.10)、(4.11)可改写成:

$$\mathbf{M}\frac{\mathrm{d}\varphi_i}{\mathrm{d}t}=\overline{c_{i-1}}\varphi_{i-1}+\overline{c_i}\varphi_i+\overline{c_{i+1}}\varphi_{i+1}+b_i \qquad (4.16)$$

其中:$\overline{c_{i-1}}=c_{i-1}+|c_{i-1}|,\overline{c_i}=c_i-(|c_{i-1}|+|c_{i+1}|),\overline{c_{i+1}}=c_{i+1}+|c_{i+1}|$,因 $\overline{c_{i-1}}\geqslant 0,\overline{c_{i+1}}\geqslant 0$,故式(4.16)是不振荡的。

通过引入可控制的反耗散(Antidiffusion)可得到高阶精度的不振荡格式:

$$d_{j+1}=|c_{j+1}|[(\Delta\varphi_{j+1})^- - C\overline{(\Delta\varphi_{j+1})^-}] \qquad (4.17)$$

如果反耗散项由邻近差分的平均值计算:

$$\overline{(\Delta\varphi_{j+1})^-}=\frac{1}{2}\{(\Delta\varphi_{j+1})^+ + (\Delta\varphi_{j-1})^+\} \qquad (4.18)$$

当取 $C=1,d_{j+1}$ 近似为 $0.5|c_{j+1}|\Delta x^3\partial\varphi^3/\partial x^3$,即数值耗散为 3 阶精度。将式(4.17)改写为:

$$d_{j+1} = |c_{j+1}| \left[(\Delta\varphi_{j+1})^- - \frac{1}{2}C\{(\Delta\varphi_{j+1})^+ + (\Delta\varphi_{j-1})^+\} \right]$$

$$= |c_{j+1}| \left[(\Delta\varphi_{j+1})^- - \frac{1}{2}C\{(\Delta\varphi_{j+1})^+/(\Delta\varphi_{j-1})^+ + 1\}(\Delta\varphi_{j-1})^+ \right]$$

$$= |c_{j+1}| \left[(\Delta\varphi_{j+1})^- - \phi(r_{j+1}^+)(\Delta\varphi_{j-1})^+ \right]$$

其中

$$\phi(r) = \frac{1}{2}C\{r+1\}$$

$$r_{j+1}^+ = (\Delta\varphi_{j+1})^+/(\Delta\varphi_{j-1})^+$$

类似地可导出 d_{j-1} 项。可得由改进的影响系数表示的半离散方程：

$$\boldsymbol{M}\frac{\mathrm{d}\varphi_j}{\mathrm{d}t} = \overline{c_{i-1}}\varphi_{i-1} + \overline{c_i}\varphi_i + \overline{c_{i+1}}\varphi_{i+1} + b_i \qquad (4.19)$$

其中

$$\overline{c_{i-1}} = c_{i-1} + |c_{i-1}| + |c_{j+1}|\phi(r_{j+1}^+)$$

$$\overline{c_i} = c_i - |c_{j-1}|(1+\phi(r_{j-1}^-)) - |c_{j+1}|(1+\phi(r_{j+1}^+))$$

$$\overline{c_{i+1}} = c_{i+1} + |c_{i+1}| + |c_{j-1}|\phi(r_{j-1}^-)$$

显然为保单调格式的条件为限制因子 $\phi(r) \geqslant 0$。常采用的限制因子如：

a. Minmod：

$$\phi(r) = \max\{0, \min(r,1)\}$$

b. Van Leer：

$$\phi(r) = \frac{|r|+r}{1+r}$$

为此，对于非结构化网格，定义如下形式的高阶耗散：

$$D = \sum_{j \neq i} \alpha_{ij}[(\varphi_j - \varphi_i) - C\overline{(\varphi_j - \varphi_i)}]$$

$$\overline{(\varphi_j - \varphi_i)} = \frac{1}{2}(\Delta^+\varphi_{ij} + \Delta^-\varphi_{ij})$$

其中"Δ^+"与"Δ^-"代表 i、j 的上游与下游差分（图 4.2-2），可通过结点 r、s、p、q 插值计算：

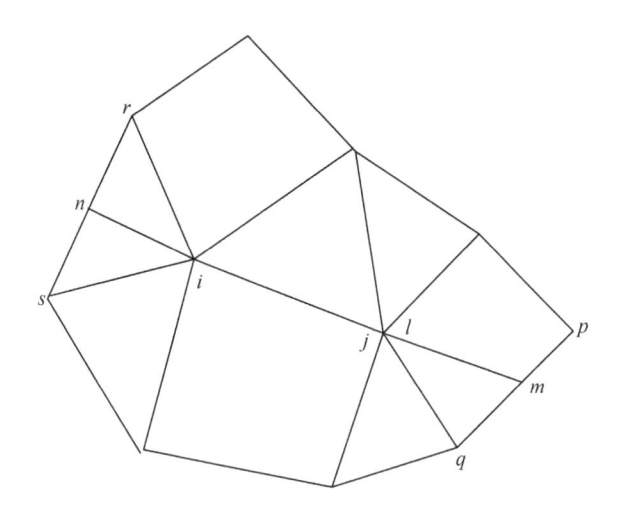

图 4.2-2 结点 i、j 的上游与下游差分

$$\Delta^+ \varphi_{ij} = \varphi_m - \varphi_j, \Delta^- \varphi_{ij} = \varphi_i - \varphi_n$$

由于 φ_m、φ_n 可分别通过 φ_p、φ_q 和 φ_r、φ_s 计算，即：

$$\Delta^+ \varphi_{ij} = \varepsilon_{pj}(\varphi_p - \varphi_j) + \varepsilon_{qj}(\varphi_q - \varphi_j)$$
$$\Delta^- \varphi_{ij} = \varepsilon_{ir}(\varphi_i - \varphi_r) + \varepsilon_{is}(\varphi_i - \varphi_s)$$

且可以证明系数 ε_{pj}、ε_{qj}、ε_{ir} 和 ε_{is} 是非负的。因此上式可改写成：

$$D = \sum_{j \neq i} \alpha_{ij} [(\varphi_j - \varphi_i) - \phi(r_{ij}^+)(\Delta^- \varphi_{ij})]$$

$\phi(r)$ 为限制因子(limiter)，r 为梯度比：

$$r_{ij}^+ = (\Delta^+ \varphi_{ij})/(\Delta^- \varphi_{ij})$$

将高阶耗散加入式(4.19)可导出：

$$M \frac{d\varphi_i}{dt} = \sum_{j \neq i}(c_{ij} + \alpha_{ij})\varphi_j + \left[c_{ij} - \left(\sum_{j \neq i}\alpha_{ij}\right)\right]\varphi_i - \sum_{j \neq i}\alpha_{ij}\phi(r_{ij}^+)(\Delta^- \varphi_{ij}) + b_i$$

改写成紧致的形式：

$$M \frac{d\varphi_i}{dt} = \sum_i \overline{c_{ij}} \varphi_j + b_i \tag{4.20}$$

可以证明，当限制因子 $\phi(r) \geqslant 0$ 时，$\overline{c_{ij}} \geqslant 0$，从而保证格式高离散精度与解的不振荡性质。

4.2.3 求解步骤

整个二维水流数学模型计算步骤为：
(1) 根据已知条件及经验确定初始水位流场；
(2) 根据连续方程求解水深 H；
(3) 根据运动方程求解流速 u、v；
(4) 顺序求解 H、u、v 至收敛；
(5) 推进一个时间步。

4.3 黄颡鱼产卵栖息地适宜度

鱼类作为水生态系统食物链中的顶端生物群落，在生态系统中起着重要作用，鱼类种群数量的改变一定程度上能反映出当地水生态环境的各种变化。因此，选择鱼类作为特征物种来定量描述水生生物栖息地改变情况。研究选用保护区主要保护对象黄颡鱼为特征物种，从而分析研究河段的生境特征。

适宜度指数用 0~1 之间的数值表示影响因子对鱼种的影响，适宜度从 0 到 1 依次递增。采用单变量适宜度曲线分别考虑水深、流速不同时的栖息地适宜度。另外，经过试验计算并参考了相关文献中的适宜度研究成果，得出黄颡鱼不同生命阶段的栖息地需求，如表 4.3-1 所示。根据黄颡鱼不同生命阶段栖息地需求，得出了黄颡鱼产卵水深、流速适宜度曲线，如图 4.3-1 所示。

表 4.3-1 黄颡鱼不同生命阶段的栖息地需求

成鱼生存栖息地特征			
水深(m)	<5.0	生活水体空间	水体底层
流速(m/s)	<1.0	生长温度	水温 25~28℃
基底	泥或砂卵石	趋光性	喜弱光
基底覆盖	—	食性	杂食性、夜间捕食
产卵栖息地特征			
水深(m)	<1.0	产卵时间	5—7 月份
流速(m/s)	<0.6	产卵刺激	水温 20℃以上
基底	卵石、块石	产卵特性	沉性卵、强黏性
基底覆盖	水草、藻类	性成熟	2~4 龄

水深:最佳水深范围 0.15~0.8 m;阈值水深范围 0.08~1 m。
流速:最佳流速范围 0.02~0.3 m/s;阈值流速范围 0~0.6 m/s。

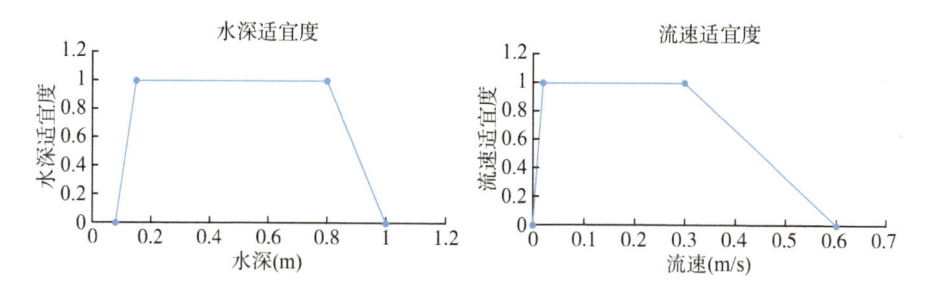

图 4.3-1 黄颡鱼产卵水深、流速适宜度曲线

黄颡鱼产卵水深、流速计算公式及范围如下:

$$SI_h = \begin{cases} 0, & h < 0.08 \\ 14.2857h - 1.1429, & 0.08 \leqslant h < 0.15 \\ 1, & 0.15 \leqslant h \leqslant 0.8 \\ -5h + 5, & 0.8 < h \leqslant 1 \\ 0, & h > 1 \end{cases}$$

$$SI_v = \begin{cases} 5v, & 0 \leqslant v < 0.02 \\ 1, & 0.02 \leqslant v \leqslant 0.3 \\ -3.3333v + 2, & 0.3 < v \leqslant 0.6 \\ 0, & v > 0.6 \end{cases}$$

4.4 保护区江段长河段数学模型

为分析航道工程方案对保护区江段鱼类栖息地的总体影响,建立保护区江段长河段数学模型,对比分析航道工程方案实施前后的栖息地数量与结构变化。研究河段长约 18 km,涵盖了彭水库区全部变动回水段和保护区绝大部分范围。模型自沙沱坝下沙沱大桥起始,包括了支流坝沱河滨江大道桥以下河段,终于支流木溪沟汇流口下 3 km 处,其间包括了主要支流白泥河河口段。模型共划分计算单元 121 280 个,节点 61 631 个,最小网格尺度沿规划三级航道航线划分,约 8 m,最大网格尺度约 20 m,目的是把航槽开挖情况尽可能通过模型得以完整地概化。

模型上边界入口仅考虑沙沱枢纽下泄流量,不考虑坝沱河入汇流量。下边界出口给定水位边界,计算尾门水位由临时水尺实测水位给定。模型计算时长20 h,满足水流稳态要求。长河段模型进口段和出口段三维地形如图 4.4-1 和图 4.4-2 所示,入口段网格划分如图 4.4-3 所示。

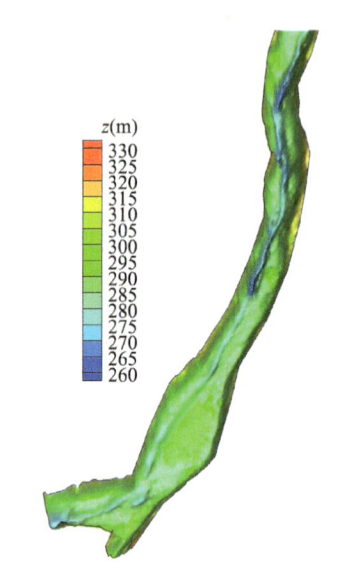

图 4.4-1 长河段模型进口段三维地形

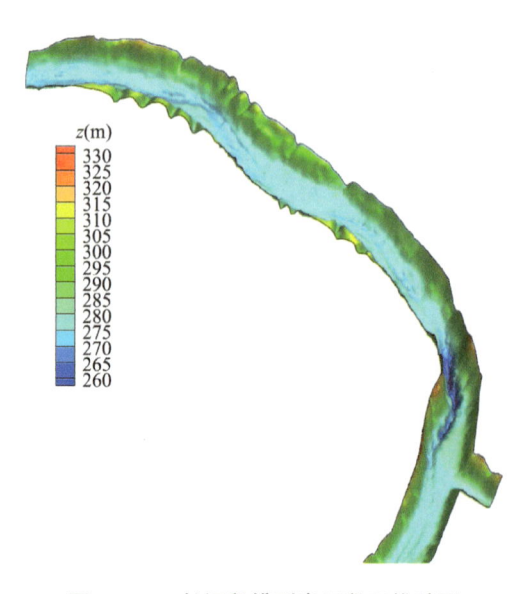

图 4.4-2 长河段模型出口段三维地形

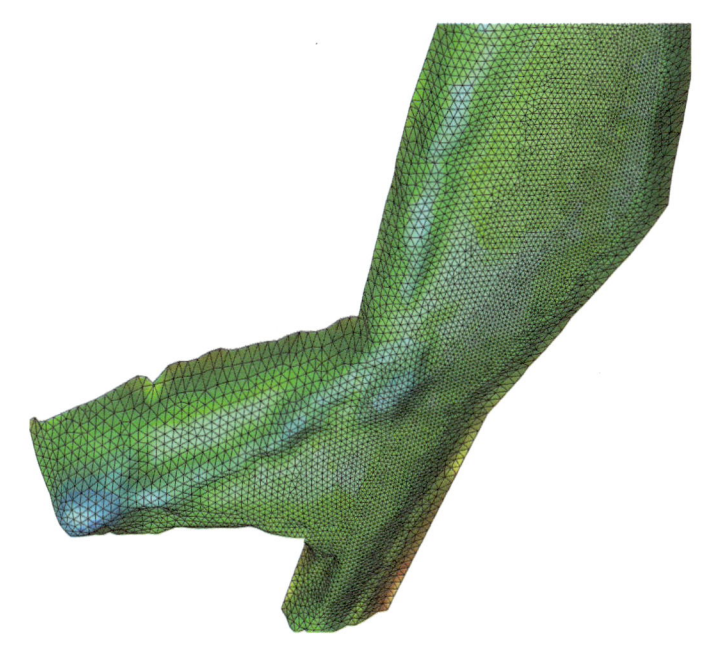

图 4.4-3　长河段模型入口段网格划分(沿航线网格加密)

4.5　保护区局部滩段数学模型

选取保护区沙沱坝下河段偏岩脚滩开展水动力、栖息地模拟研究。研究滩段长 2.0 km，距沙沱枢纽不足 600 m，右侧有坝沱河汇入，坝沱河口将作为沙沱二线 1 000 吨级通航设施的下引航道。偏岩脚滩将河道分为左右两汊，左汊作为目前四级航道的主航线，右汊将作为三级航道主航线，未来左右两汊同时通航，在滩尾位置四级和三级航道重新汇合。

模型研究范围共划分计算单元 72 033 个，节点 36 520 个，最小网格尺度约 5 m，尽可能提高对主航槽、浅滩、近岸边滩、滩地串沟、整治建筑物等的概化精度，以满足对航道、航道整治建筑物和滩段栖息生境模拟的需要。

模型上边界入口仅考虑沙沱枢纽下泄流量，不考虑坝沱河入汇流量。下边界出口给定水位边界，计算尾门水位由彭水库区变动回水区长河段二维数学模型给定。模型计算上游恒定来流，计算时长 8 h，满足水流稳态要求。

研究河段平面图、网格划分细部图、河床高程与航线布置图和水深与航线布置图如图 4.5-1 至图 4.5-4 所示。

图 4.5-1　研究河段平面图

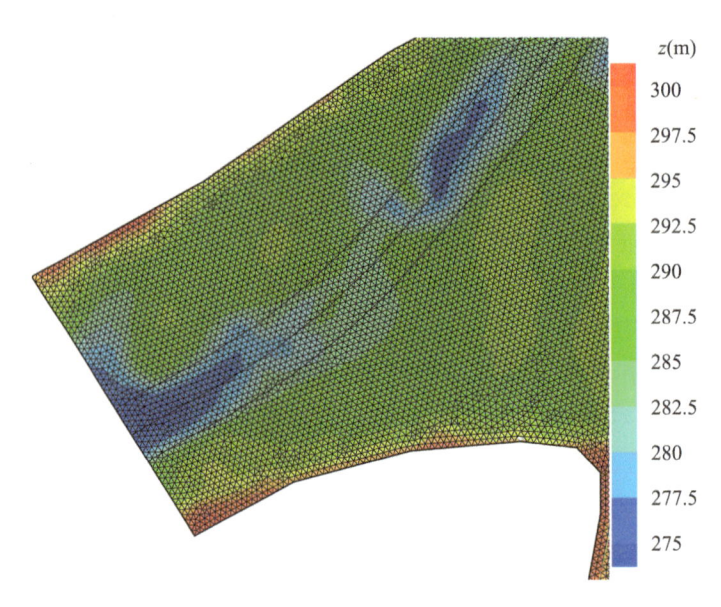

图 4.5-2　研究河段网格划分细部图

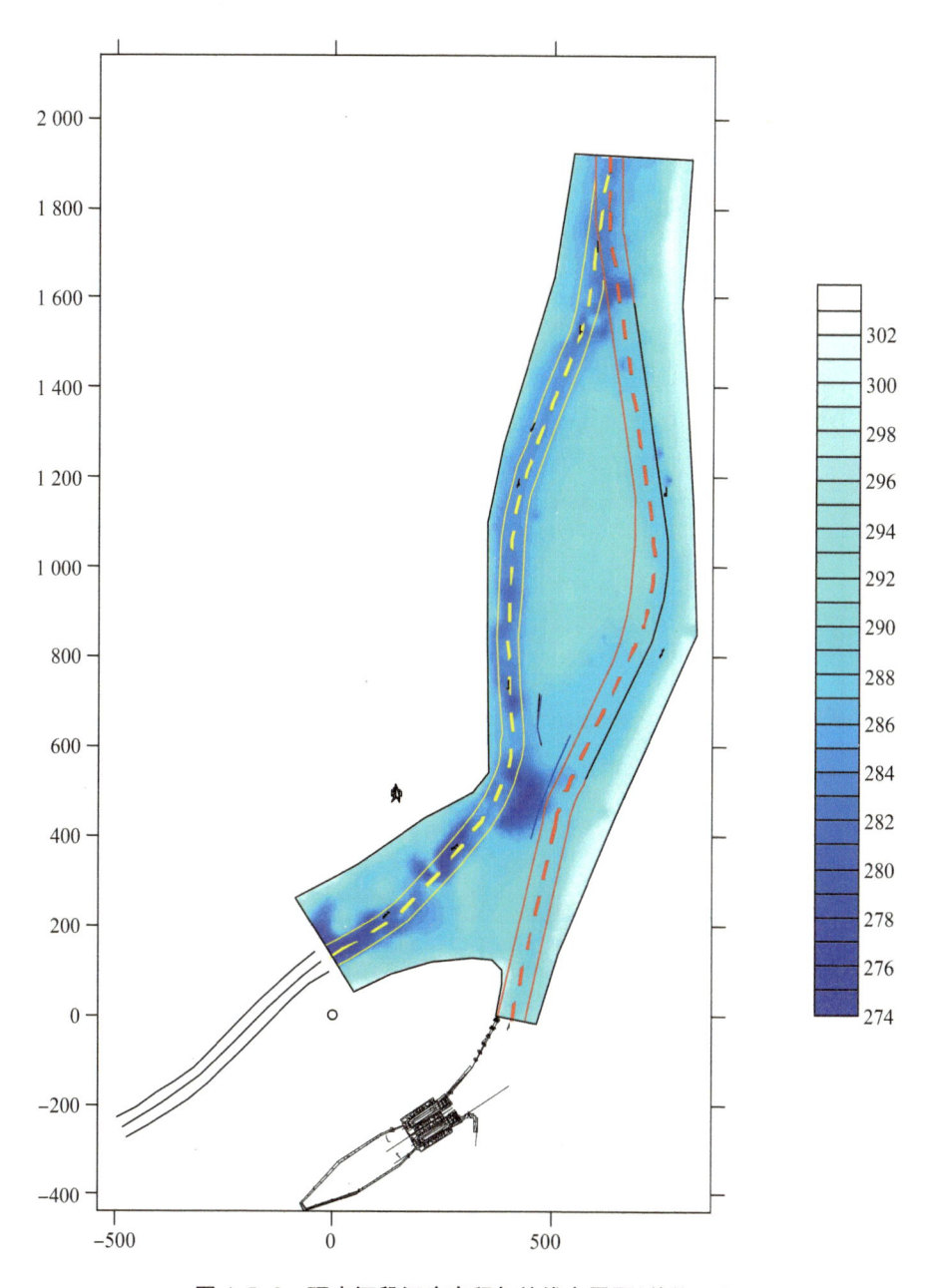

图 4.5-3 研究河段河床高程与航线布置图(单位:m)

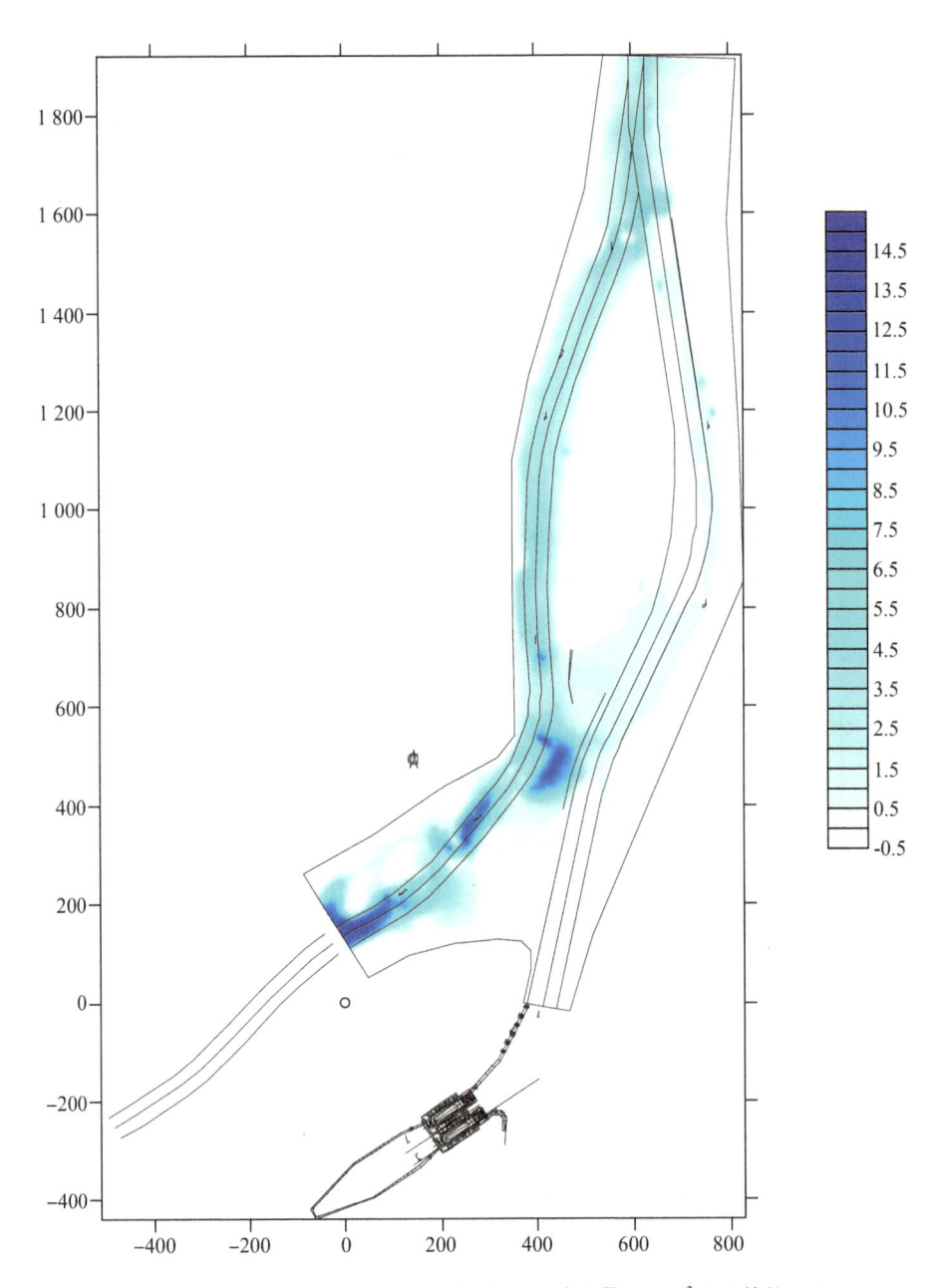

图 4.5-4　研究河段水深与航线布置图(设计流量 418 m³/s)(单位:m)

4.6 模型验证

模型采用 2018 年彭水库区连续 3 日早 07:00 至晚 19:00 的水位观读记录进行验证,水位观测时间自 8 月 7 日—9 日,沿程布置 19 把水尺(编号自 1#～19#),仅前 17 把水尺有观读数据。最上游 1# 水尺同时记录沙沱枢纽出库流量。彭水库区水尺位置坐标及布置、数据观读情况分别如表 4.6-1、表 4.6-2 和图 4.6-1 所示。

表 4.6-1　彭水库区水尺位置坐标(2018 年 8 月 7 日—9 日)

序号	X(m)	Y(m)	名称
1	3 153 908.550	546 743.651	1#
2	3 153 974.763	546 811.374	2#
3	3 154 250.400	547 273.629	3#
4	3 154 483.845	547 396.609	4#
5	3 154 716.717	547 511.780	5#
6	3 155 404.213	547 455.700	6#
7	3 155 808.154	547 503.960	7#
8	3 156 540.107	547 426.805	8#
9	3 157 486.736	547 128.608	9#
10	3 158 518.490	547 059.157	10#
11	3 159 745.972	547 658.361	11#
12	3 160 748.081	548 193.864	12#
13	3 161 267.291	548 368.835	13#
14	3 161 814.544	548 565.794	14#
15	3 163 226.875	549 087.088	15#
16	3 165 617.436	549 887.635	16#
17	3 167 452.534	549 893.800	17#
18	3 168 351.924	548 742.981	18#
19	3 168 551.365	546 288.040	19#

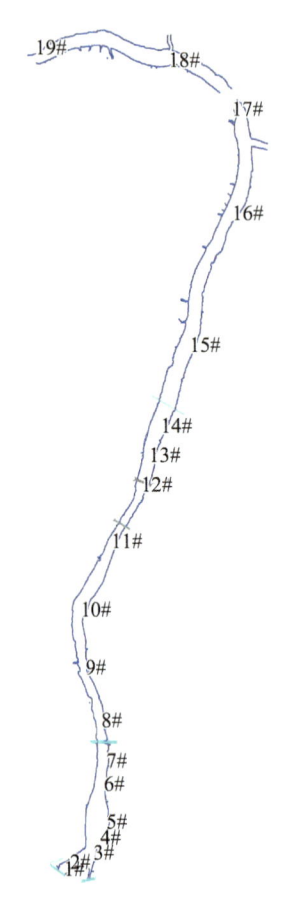

图 4.6-1　水位流量观读水尺布置(2018 年 8 月 7 日—9 日)

表 4.6-2　彭水库区代表性水尺水位流量观读情况(2018 年 8 月 7 日—9 日)

日期	时间	时间序列	沙沱出库流量 (m^3/s)	1#水尺水位 (m)	17#水尺 水位(m)
2018/8/7	0:00	0			
2018/8/7	0:30	0.5			
2018/8/7	1:00	1			
2018/8/7	1:30	1.5			
2018/8/7	2:00	2			
2018/8/7	2:30	2.5			
2018/8/7	3:00	3			

续表

日期	时间	时间序列	沙沱出库流量（m³/s）	1#水尺水位（m）	17#水尺水位(m)
2018/8/7	3:30	3.5			
2018/8/7	4:00	4			
2018/8/7	4:30	4.5			
2018/8/7	5:00	5			
2018/8/7	5:30	5.5			
2018/8/7	6:00	6	323		
2018/8/7	6:30	6.5			
2018/8/7	7:00	7	394	289.52	285.41
2018/8/7	7:30	7.5		289.70	285.41
2018/8/7	8:00	8	400	289.85	285.41
2018/8/7	8:30	8.5		291.14	285.46
2018/8/7	9:00	9	1 044	291.52	285.63
2018/8/7	9:30	9.5		291.58	285.86
2018/8/7	10:00	10	1 120	291.56	285.99
2018/8/7	10:30	10.5			
2018/8/7	11:00	11	1 248	292.06	286.32
2018/8/7	11:30	11.5			
2018/8/7	12:00	12	1 421	292.23	286.55
2018/8/7	12:30	12.5			
2018/8/7	13:00	13	1 499	292.43	286.62
2018/8/7	13:30	13.5		292.34	286.67
2018/8/7	14:00	14	1 466	292.36	286.69
2018/8/7	14:30	14.5		292.30	286.79
2018/8/7	15:00	15	1 504	292.57	286.80
2018/8/7	15:30	15.5			
2018/8/7	16:00	16	1 521	292.41	286.80
2018/8/7	16:30	16.5			

续表

日期	时间	时间序列	沙沱出库流量（m^3/s）	1#水尺水位（m）	17#水尺水位（m）
2018/8/7	17:00	17	1 528	292.55	286.79
2018/8/7	17:30	17.5			
2018/8/7	18:00	18	1 687	292.81	286.92
2018/8/7	18:30	18.5			
2018/8/7	19:00	19	1 731	292.61	287.01
2018/8/7	19:30	19.5			
2018/8/7	20:00	20			
2018/8/7	20:30	20.5			
2018/8/7	21:00	21			
2018/8/7	21:30	21.5			
2018/8/7	22:00	22			
2018/8/7	22:30	22.5			
2018/8/7	23:00	23			
2018/8/7	23:30	23.5			
2018/8/8	0:00	24			
2018/8/8	0:30	24.5			
2018/8/8	1:00	25			
2018/8/8	1:30	25.5			
2018/8/8	2:00	26			
2018/8/8	2:30	26.5			
2018/8/8	3:00	27			
2018/8/8	3:30	27.5			
2018/8/8	4:00	28			
2018/8/8	4:30	28.5			
2018/8/8	5:00	29			
2018/8/8	5:30	29.5			
2018/8/8	6:00	30			

续表

日期	时间	时间序列	沙沱出库流量（m³/s）	1#水尺水位（m）	17#水尺水位（m）
2018/8/8	6:30	30.5			
2018/8/8	7:00	31	704	290.58	286.63
2018/8/8	7:30	31.5		291.58	286.67
2018/8/8	8:00	32	1 096	291.64	286.80
2018/8/8	8:30	32.5		292.34	286.96
2018/8/8	9:00	33	1 559	292.43	287.22
2018/8/8	9:30	33.5		292.51	287.30
2018/8/8	10:00	34	1 568	292.57	287.41
2018/8/8	10:30	34.5			
2018/8/8	11:00	35	1 595	292.55	287.50
2018/8/8	11:30	35.5			
2018/8/8	12:00	36	1 456	292.32	287.42
2018/8/8	12:30	36.5			
2018/8/8	13:00	37	1 498	292.35	287.32
2018/8/8	13:30	37.5		292.43	287.29
2018/8/8	14:00	38	1 526	292.47	287.25
2018/8/8	14:30	38.5		292.60	287.26
2018/8/8	15:00	39	1 594	292.54	287.23
2018/8/8	15:30	39.5			
2018/8/8	16:00	40	1 466	292.44	287.13
2018/8/8	16:30	40.5			
2018/8/8	17:00	41	1 665	292.75	287.05
2018/8/8	17:30	41.5			
2018/8/8	18:00	42	1 620	292.52	287.19
2018/8/8	18:30	42.5			
2018/8/8	19:00	43	1 629	292.63	287.17
2018/8/8	19:30	43.5			

续表

日期	时间	时间序列	沙沱出库流量（m³/s）	1#水尺水位（m）	17#水尺水位(m)
2018/8/8	20:00	44			
2018/8/8	20:30	44.5			
2018/8/8	21:00	45			
2018/8/8	21:30	45.5			
2018/8/8	22:00	46			
2018/8/8	22:30	46.5			
2018/8/8	23:00	47			
2018/8/8	23:30	47.5			
2018/8/9	0:00	48			
2018/8/9	0:30	48.5			
2018/8/9	1:00	49			
2018/8/9	1:30	49.5			
2018/8/9	2:00	50			
2018/8/9	2:30	50.5			
2018/8/9	3:00	51			
2018/8/9	3:30	51.5			
2018/8/9	4:00	52			
2018/8/9	4:30	52.5			
2018/8/9	5:00	53			
2018/8/9	5:30	53.5			
2018/8/9	6:00	54			
2018/8/9	6:30	54.5			
2018/8/9	7:00	55	1 037	291.98	286.51
2018/8/9	7:30	55.5		292.06	286.71
2018/8/9	8:00	56	1 305	291.98	286.84
2018/8/9	8:30	56.5		292.55	286.92
2018/8/9	9:00	57	1 630	292.71	287.11

续表

日期	时间	时间序列	沙沱出库流量（m³/s）	1#水尺水位（m）	17#水尺水位(m)
2018/8/9	9:30	57.5		292.56	287.23
2018/8/9	10:00	58	1 594	292.61	287.26
2018/8/9	10:30	58.5			
2018/8/9	11:00	59	1 702	292.76	287.36
2018/8/9	11:30	59.5			
2018/8/9	12:00	60	1 560	292.41	287.39
2018/8/9	12:30	60.5			
2018/8/9	13:00	61	1 486	292.42	287.23
2018/8/9	13:30	61.5		292.51	287.19
2018/8/9	14:00	62	1 562	292.56	287.17
2018/8/9	14:30	62.5		292.56	287.16
2018/8/9	15:00	63	1 579	292.50	287.17
2018/8/9	15:30	63.5			
2018/8/9	16:00	64	1 524	292.46	287.11
2018/8/9	16:30	64.5			
2018/8/9	17:00	65	1 643	292.71	287.06
2018/8/9	17:30	65.5			
2018/8/9	18:00	66	1 683	292.68	287.10
2018/8/9	18:30	66.5			
2018/8/9	19:00	67	1 495	292.41	287.05
2018/8/9	19:30	67.5			
2018/8/9	20:00	68			
2018/8/9	20:30	68.5			
2018/8/9	21:00	69			
2018/8/9	21:30	69.5			
2018/8/9	22:00	70			
2018/8/9	22:30	70.5			

续表

日期	时间	时间序列	沙沱出库流量（m³/s）	1#水尺水位（m）	17#水尺水位（m）
2018/8/9	23:00	71			
2018/8/9	23:30	71.5			
2018/8/10	0:00	72			

模型验证了沙沱水库的非恒定流出流过程，将后两日（8月8日—9日）实测资料进行对比。模拟始于8月7日19:00，终于8月9日19:00，共计48小时，因仅有白日（早7:00至晚19:00）数据，其间空白流量与水位均采用线性插值处理。验证沿程糙率取值范围0.025～0.04，验证结果如图4.6-2所示。

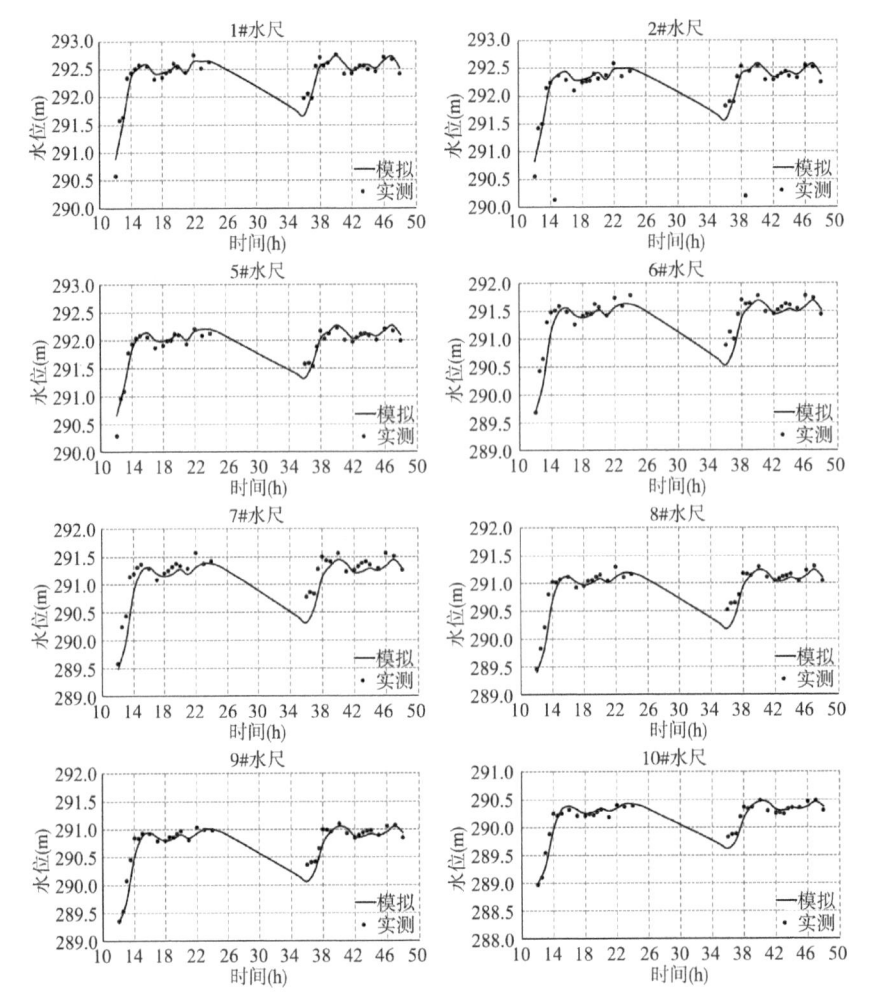

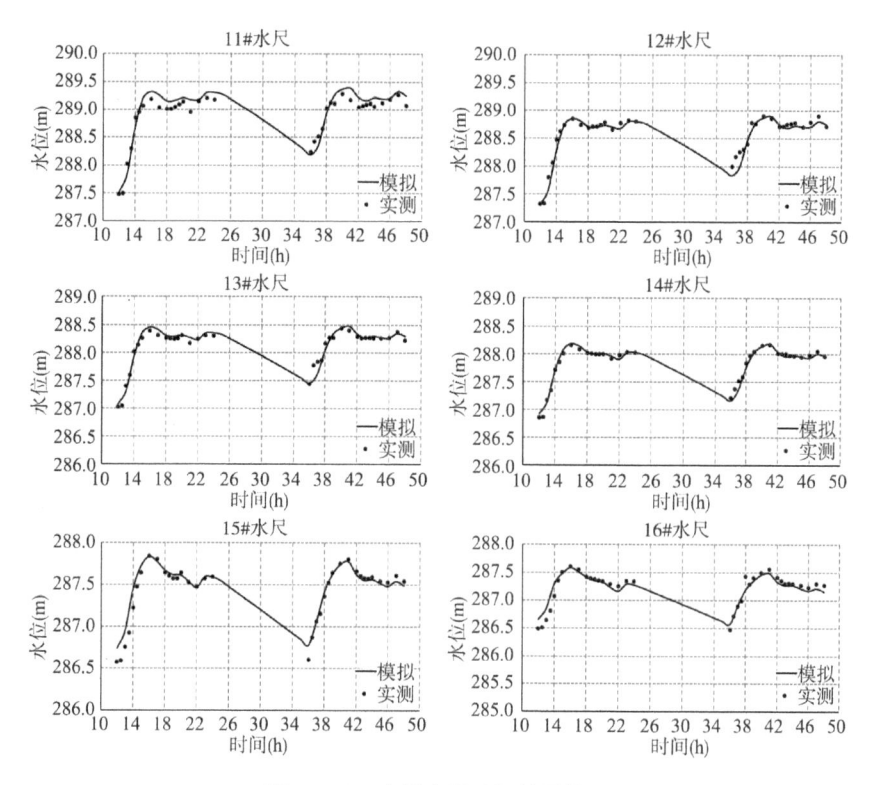

图 4.6-2　主要水尺验证结果情况

4.7　模拟工况

4.7.1　长河段模拟工况

为掌握彭水库区变动回水段现状栖息地规模,以及以传统航道整治工程方式将现状四级航道提升至三级航道后的栖息地规模变化,采用长河段模型选取黄颡鱼产卵月份(5—7月)对应的中位流量开展模拟,从而对比分析不同流量条件下整治工程前后的栖息地总体规模变化(表 4.7-1)。

表 4.7-1　长河段栖息地状况模拟工况表

序号	流量(m³/s)	备注	现状 Case 0 full	常规整治 Case 1 full
1	418	最低通航	√	√

续表

序号	流量(m^3/s)	备注	现状 Case 0 full	常规整治 Case 1 full
2	1 071	5月	√	√
3	1 480	6月	√	√
4	1 853	7月	√	√

4.7.2 局部滩段模拟工况

研究选择局部滩段开展全年逐月中位流量（2014—2020年），并补充最低、最高通航流量，以及下泄基流、典型月份最大流量共18组流量边界，分传统航道整治和航道工程生态修复两阶段、四个类别开展模拟分析。研究结果如下：

(1) 常规疏浚。沿三级航道航线开挖至设计水深3.0 m。
(2) 局部整治。减小航道横流，改善通航条件；洲头修建守护鱼骨坝。
(3) 洲头修复。修建U形洲头坝体，守护洲滩，营造洲头栖息生境。
(4) 岸滩修复。近岸修建开口隔流堤，岸坡防护，营造近岸栖息生境。

模型共模拟工况72个，如表4.7-2所示。

表 4.7-2 局部滩段栖息地模拟工况表

序号	流量(m^3/s)	备注	常规疏浚 Case 0	局部整治 Case 1	洲头修复 Case 2	岸滩修复 Case 3
1	228	下泄基流	√	√	√	√
2	418	最低通航	√	√	√	√
3	544	1月	√	√	√	√
4	546	2月	√	√	√	√
5	603	3月	√	√	√	√
6	744	4月	√	√	√	√
7	1 071	5月	√	√	√	√
8	1 480	6月	√	√	√	√
9	1 853	7月	√	√	√	√
10	1 115	8月	√	√	√	√
11	872	9月	√	√	√	√

续表

序号	流量(m³/s)	备注	常规疏浚 Case 0	局部整治 Case 1	洲头修复 Case 2	岸滩修复 Case 3
12	771	10月	√	√	√	√
13	532	11月	√	√	√	√
14	548	12月	√	√	√	√
15	2 705	5月最大流量	√	√	√	√
16	2 252	10月最大流量	√	√	√	√
17	3 364	8月最大流量	√	√	√	√
18	5 000	最高通航	√	√	√	√

4.8 小结

鱼类栖息地评价模型以平面二维水动力数学模型为基础,增加鱼类栖息生境偏好的关键指标,能够作为开展鱼类栖息生境量化评价的数值工具,以航道整治工程方案对河床形态调整为边界条件,预测模拟不同航道设计方案所引起的栖息地规模和分布变化。航道工程往往涉及河段长,而本书研究的保护区又为河流型保护区,因此,本章分别开展了保护区河段长河段与局部滩段的栖息地评价分析,并对模型的模拟精度进行了验证,结合航道工程设计方案确定了模型的模拟工况。

第五章

保护区长河段栖息地模拟评价

5.1 引言

乌江彭水库区库尾回水变动段全部位于鱼类保护区内,而库尾回水变动段又是航道整治的重点,库尾河段筑坝、疏浚、清礁、填槽、切咀等工程措施对河道水位、流速、流态、河床占用等产生影响,进而导致鱼类栖息环境的变化。将保护区全部河段作为研究对象,模拟分析航道整治各项工程措施实施之后对整个河段水流条件与栖息环境的总体影响,有助于掌握工程方案生态设计的重点,有所侧重地开展方案设计与优化。本章内容主要分为保护区江段航行水流条件变化、保护区江段栖息地总体规模变化和保护区江段栖息地分布变化三个部分。

5.2 保护区江段航行水流条件变化

保护区所在江段即将开展的航道工程设计方案以疏浚清礁为主,主要针对航道尺度不满足设计标准的河段开展航槽的浚深和拓宽。为满足设计流量 418 m³/s 条件下三级航道达到 3.0 m×60 m×480 m(航深×航宽×弯曲半径)的航道尺度要求,需要沿三级航道航线将沿程水深不足位置开挖至设计水位以下 3.0 m,从而为船舶航行提供足够的空间条件。

以上述航道开挖方案为条件,通过鱼类栖息地评价模型对比、分析工程前后保护区江段鱼类产卵栖息地规模的总体变化,对全线开挖方案所产生的栖息地变化影响进行评价。

图 5.2-1 至图 5.2-3 分别是长河段按照三级航道标准开展航道开挖工程前后沿程的水位、水深和流速变化。

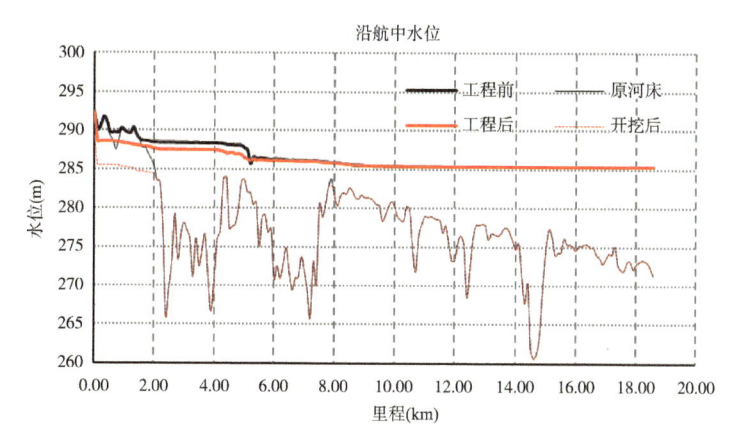

图 5.2-1　工程前后沿航道中线里程与水位变化

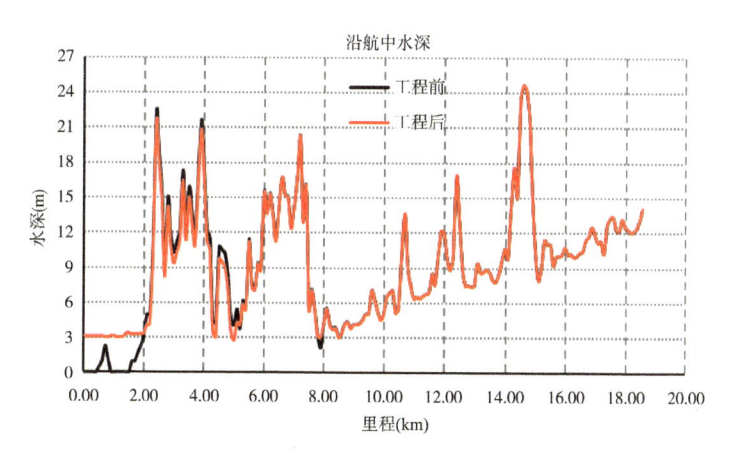

图 5.2-2　工程前后沿航道中线里程与水深变化

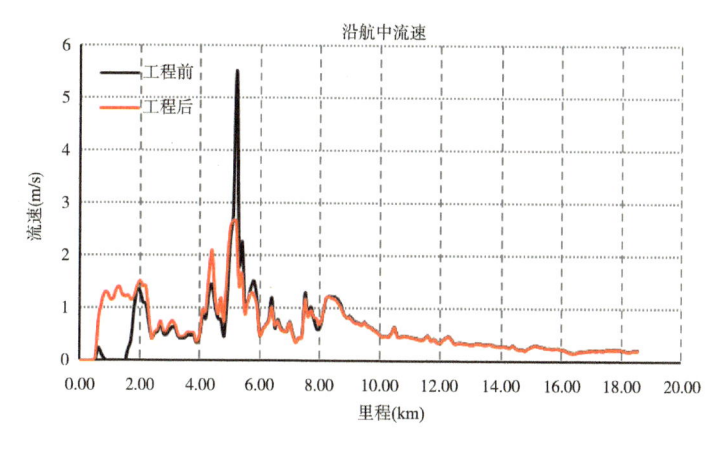

图 5.2-3　工程前后沿航道中线里程与流速变化

从模拟结果来看,新规划的三级航线因在偏岩脚滩改走右汊,因此该汊道属于新开挖航槽,疏浚清礁工程量大,按设计航道尺度开挖后,最小水深均在3.0 m以上,水深满足要求,工程前局部大流速由5.5 m/s降至2.6 m/s,但枢纽坝下有明显的水位降落。

5.3 保护区江段栖息地总体规模变化

按照三级航道全线开挖的设计方案,采用栖息地评价模型分析开挖工程实施前后不同流量级条件下的黄颡鱼产卵栖息地规模变化。工程实施前后,栖息地规模均随流量增加而减少,工程实施前后栖息地总体规模略有下降,但减少幅度并不大,表明工程实施对保护区河段栖息地规模的影响远不及流量波动变化的影响(表5.3-1)。黄颡鱼产卵月份(5—7月)流量均在1 000 m³/s以上,可用栖息地数量不及保护区河段的5%。

表5.3-1　工程实施前后黄颡鱼产卵季节栖息地规模变化

	计算工况	面积(公顷)流速适宜度	面积(公顷)水深适宜度	面积(公顷)组合适宜度	综合百分比
现状					
1	Case0 full 418 最低通航	261.67	42.84	32.51	5.28%
2	Case0 full 1071 5月	114.92	45.79	26.43	4.30%
3	Case0 full 1480 6月	64.48	32.99	20.51	3.33%
4	Case0 full 1853 7月	48.23	29.02	18.51	3.01%
全线开挖(沿三级航线开挖至3.0 m)					
1	Case1 full 418 最低通航	252.11	39.18	29.90	4.86%
2	Case1 full 1071 5月	117.10	41.07	26.39	4.29%
3	Case1 full 1480 6月	65.44	37.09	21.06	3.42%
4	Case1 full 1853 7月	48.03	28.50	18.13	2.95%

5.4 保护区江段栖息地分布变化

当沙沱枢纽下泄流量为418 m³/s时,保护区江段满足流速适宜度区域范围较广,全河段沿线均有流速适宜范围分布,而对应的水深适宜度范围有限,这些范围主要分布在偏岩脚滩和猫滩位置,偏岩脚滩和猫滩均为典型的浅滩。水深浅、流速急,流速与水深适宜度范围叠加后适宜范围相互冲突,导致流速-水深组合适宜度规模偏小。

当沙沱枢纽下泄流量为 1 071 m³/s 时,保护区江段流速适宜度范围缩小,水深适宜度范围因水流上滩,不论是偏岩脚滩还是猫滩,水深适宜度均有所扩大,此时流速与水深适宜度范围大致一致,但组合适宜度规模依旧有限。

当沙沱枢纽下泄流量为 1 480 m³/s 和 1 853 m³/s 时,因水流流量大,流速变急、水深增大,保护区江段流速与水深适宜度范围均有大幅下降,组合适宜度规模较小。

航道工程实施之后,黄颡鱼产卵季节各流量级下栖息地规模变化大致与工程前的现状栖息地规模变化一致,但因偏岩脚滩右汊选为新航线,大规模开挖导致相同流量级,如 1 071 m³/s 和 1 480 m³/s 条件下,水深适宜度范围有较为明显的变化。

总体来看,保护区江段黄颡鱼产卵栖息地规模随河道流量增加而减少,且适宜黄颡鱼产卵的栖息地范围为 5% 上下。开挖工程实施前后,因航道工程开挖导致的栖息地规模和分布变化并不明显,适宜黄颡鱼产卵的栖息地主要集中在偏岩脚滩和猫滩等有较大浅滩、水深较浅、流速多样的河段。保护区江段现状与工程实施后的栖息地规模对比如图 5.4-1 至图 5.4-8 所示。其中 uHS1 为流速适宜度,hHS1 为水深适宜度,CSF 为流速-水深适宜度。

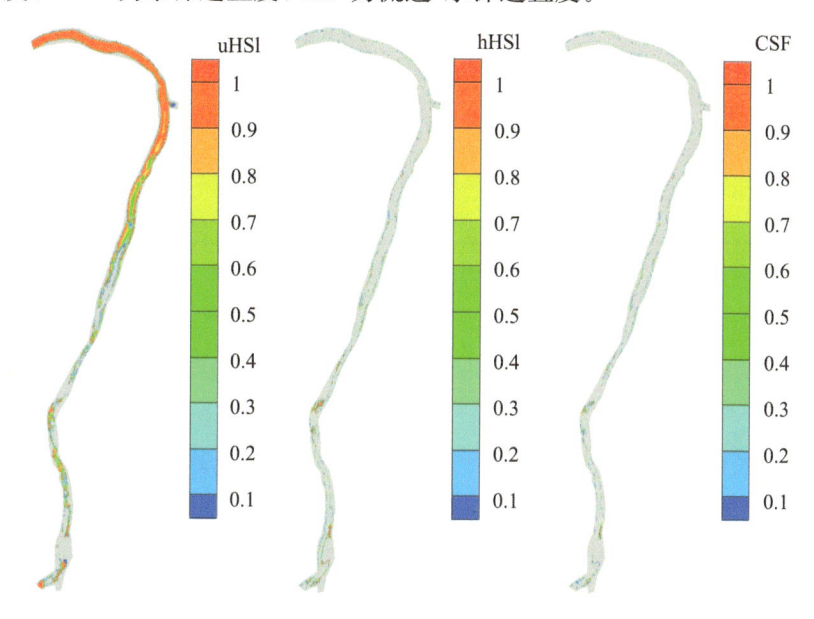

图 5.4-1　保护区江段现状栖息地规模($Q=418$ m³/s)

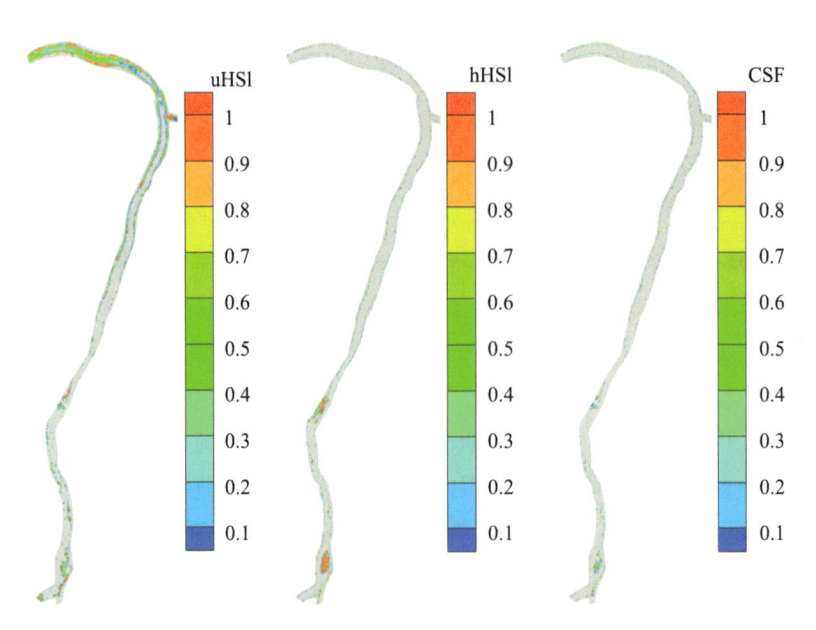

图 5.4-2 保护区江段现状栖息地规模($Q=1\ 071\ m^3/s$)

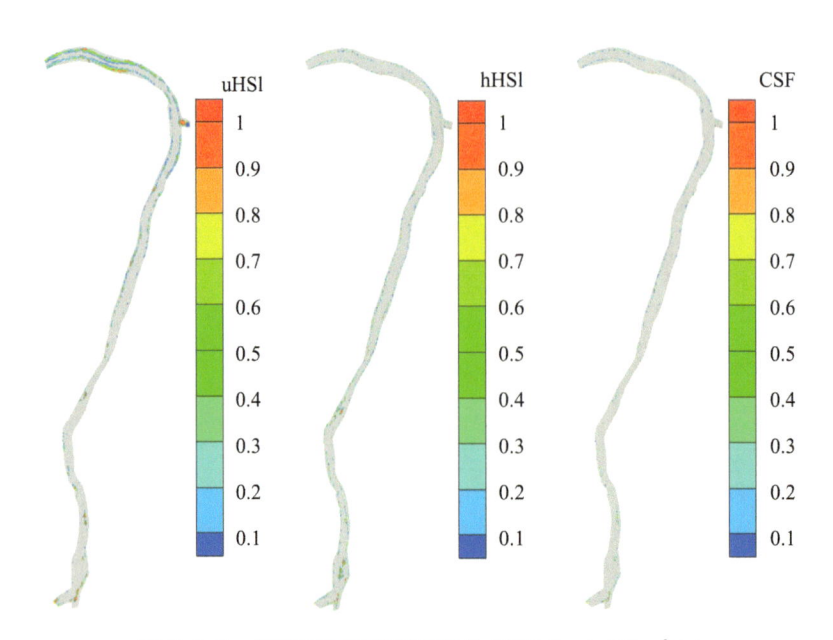

图 5.4-3 保护区江段现状栖息地规模($Q=1\ 480\ m^3/s$)

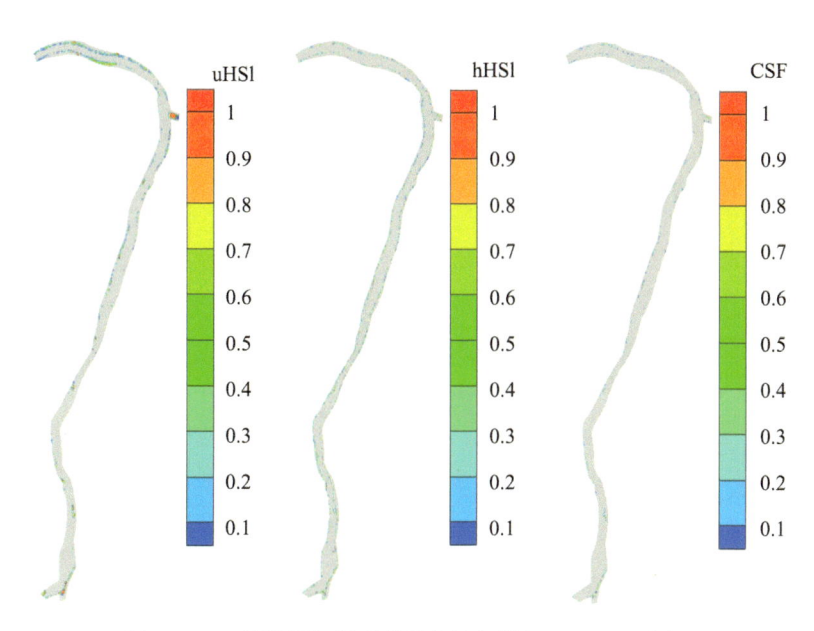

图 5.4-4　保护区江段现状栖息地规模（$Q=1\,853\,\text{m}^3/\text{s}$）

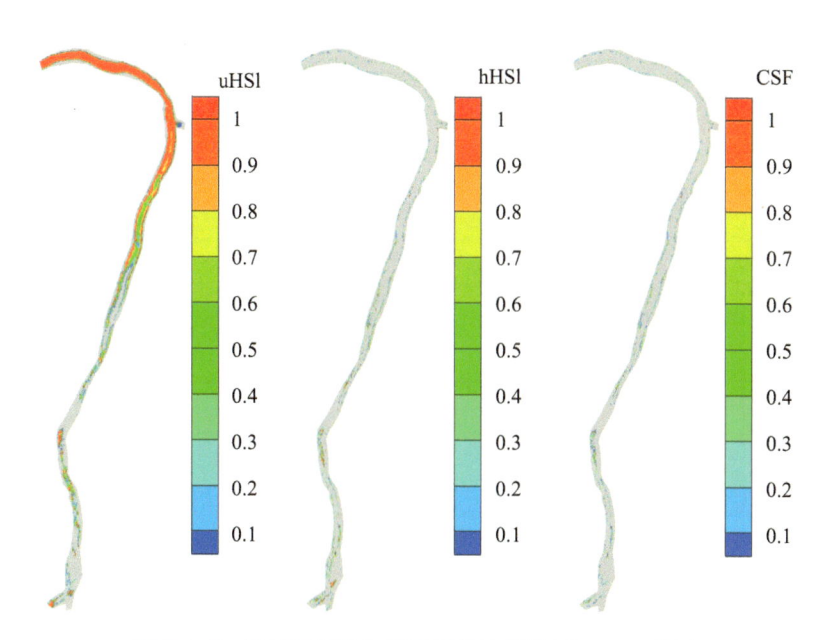

图 5.4-5　保护区江段工程后栖息地规模（$Q=418\,\text{m}^3/\text{s}$）

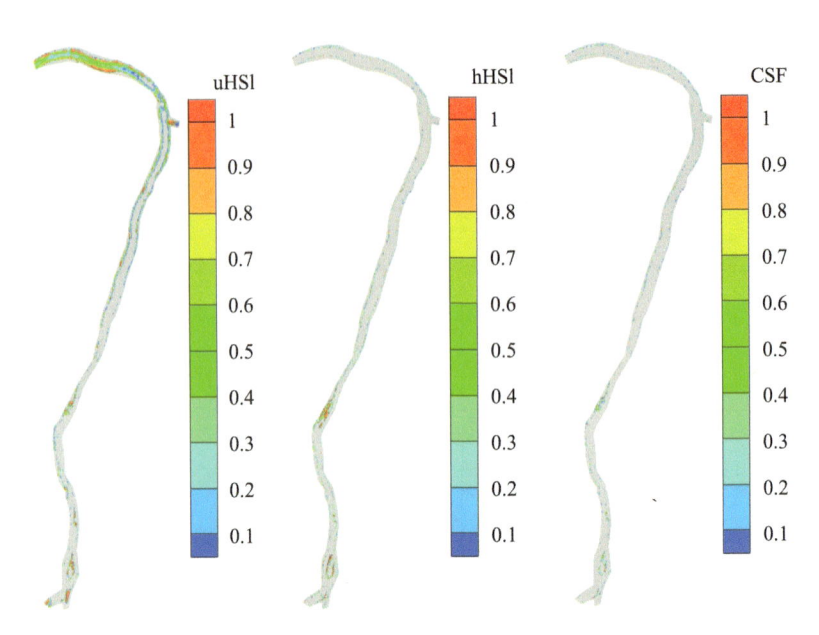

图 5.4-6　保护区江段工程后栖息地规模($Q=1\ 071\ \text{m}^3/\text{s}$)

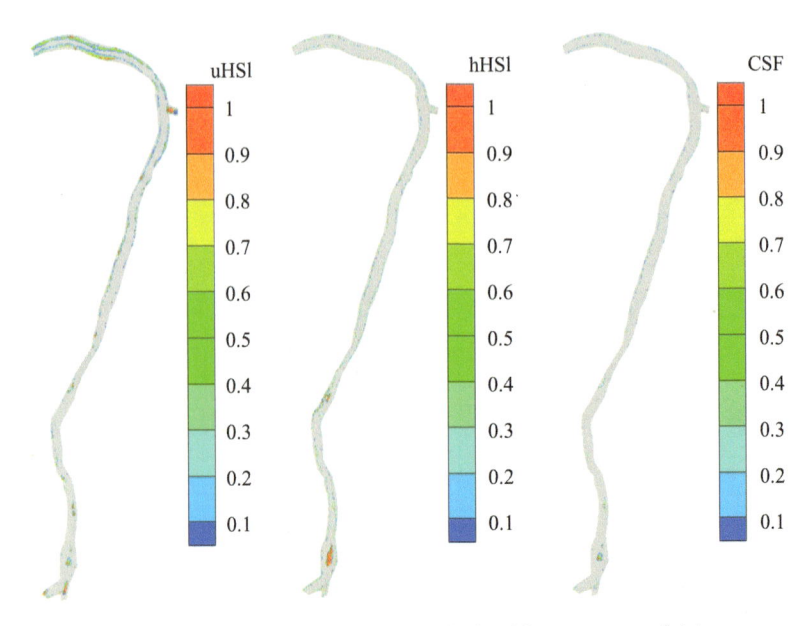

图 5.4-7　保护区江段工程后栖息地规模($Q=1\ 480\ \text{m}^3/\text{s}$)

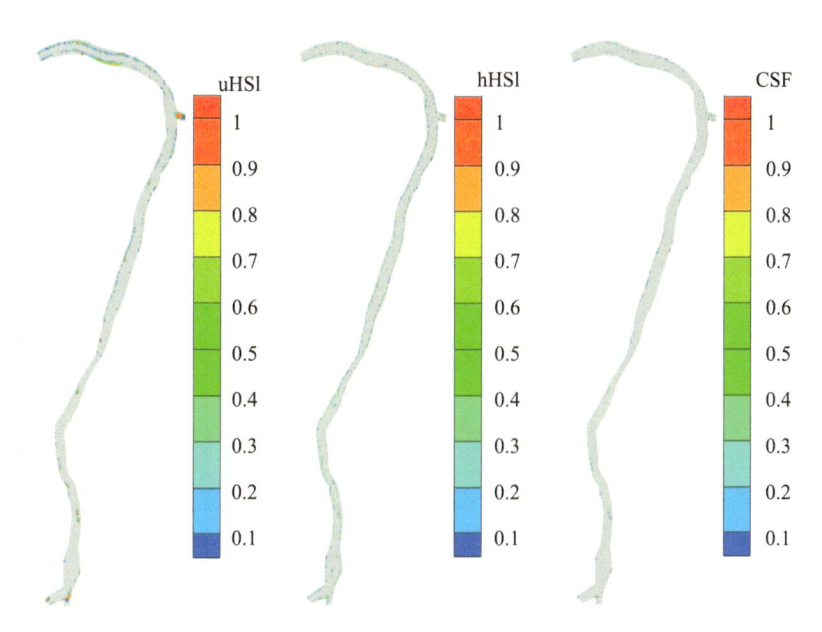

图 5.4-8　保护区江段工程后栖息地规模（$Q=1\,853\,\text{m}^3/\text{s}$）

5.5　小结

　　本章以保护区江段为研究对象，模拟分析航道工程实施前后保护区江段航行水流条件、栖息地总体规模和栖息地分布变化3个方面的内容。通过分析表明：工程实施之后，保护区江段水位降低，局部滩段流速下降，水深增加；工程实施前后栖息地总体规模略有下降，但减少幅度并不大，说明工程实施对保护区河段栖息地规模的影响远不及流量波动变化的影响。工程实施前后，因航道工程开挖导致的栖息地规模和分布变化并不明显，适宜黄颡鱼产卵的栖息地主要集中在偏岩脚滩和猫滩等有较大浅滩、水深较浅、流速多样的河段。

第六章

保护区局部滩段栖息地模拟评价

6.1 引言

局部滩段栖息地模拟与评价以单个或多个浅滩为研究对象,能够更直接反映出不同的航道工程措施对鱼类栖息生境的影响,从而有助于航道设计人员对航道工程方案进行以绿色生态为导向的方案优化,实现航道开发与鱼类保护的双重目标。本章选取乌江彭水库区库尾段典型滩段,针对该滩段的航道碍航特性,开展不同航道整治方案下该滩段鱼类栖息生境的模拟,分析黄颡鱼产卵栖息地规模和分布的变化,并最终对不同航道整治方案对于鱼类栖息的影响开展评价,作为支撑航道工程生态设计的依据。

6.2 滩段现状模拟与评价

6.2.1 设计流量航道尺度与通航条件

目前,乌江航道乌江渡—龚滩 407 km、支流清水河 24 km 共计 431 km 已按四级航道标准在运行,航道尺度为 1.60 m×(30~50) m×330 m(航深×航宽×弯曲半径)。设计流量 418 m³/s 条件下四级航道沿航线航宽、航深、航道比降和流速应满足船舶通行要求。

拟建三级航道航道尺度为 3.0 m×60 m×480 m(航深×航宽×弯曲半径),航线除偏岩脚滩选择右汊新开航槽之外,其与航线基本沿原四级航道航线布置。现状条件下,设计通航流量 418 m³/s,四级航道水面线平顺,水深均满足 1.6 m 航深要求,最大流速不大于 2.1 m/s,局部比降达 15‰。拟建三级航道因需在浅滩上新开挖航槽,从模拟结果可见其水深和流速均较设计尺度有较大差距。工程前后三级和四级航道各参数如图 6.2-1 至 6.2-7 所示。

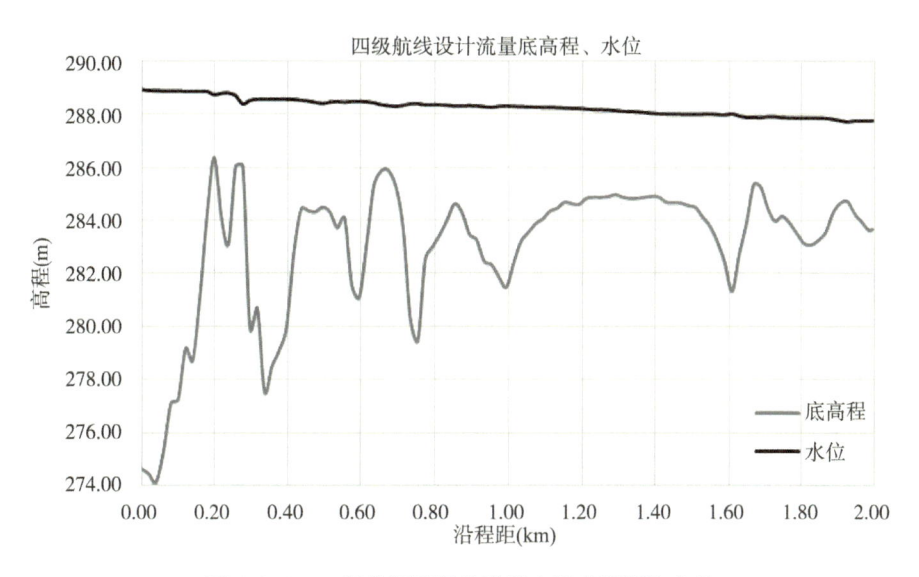

图 6.2-1　工程前沿四级航道航中线底高程和水位

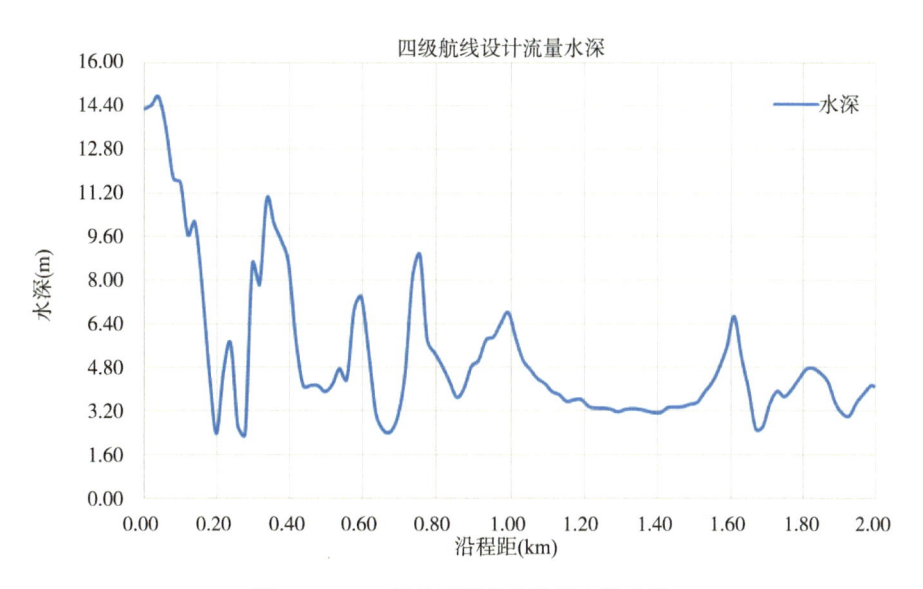

图 6.2-2　工程前沿四级航道航中线水深

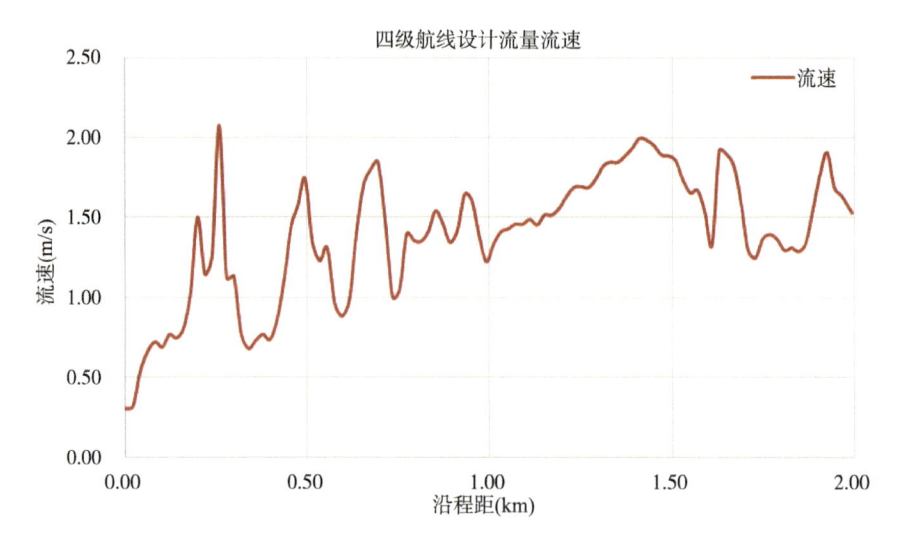

图 6.2-3　工程前沿四级航道航中线流速

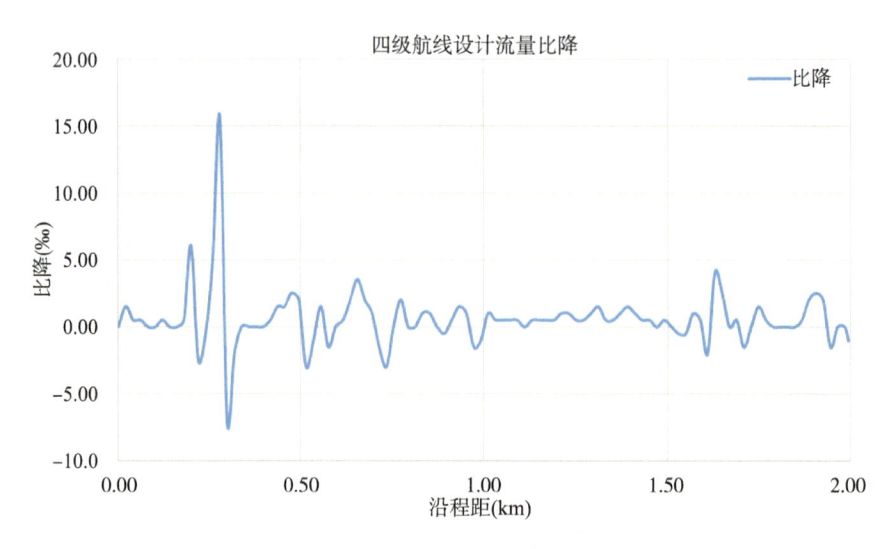

图 6.2-4　工程前沿四级航道航中线比降

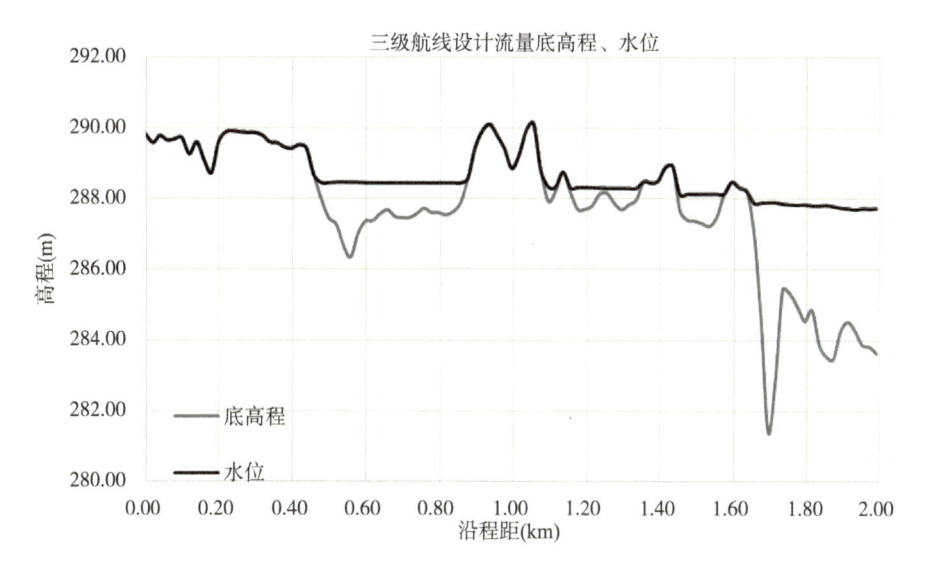

图 6.2-5　工程前沿三级航道航中线底高程和水位

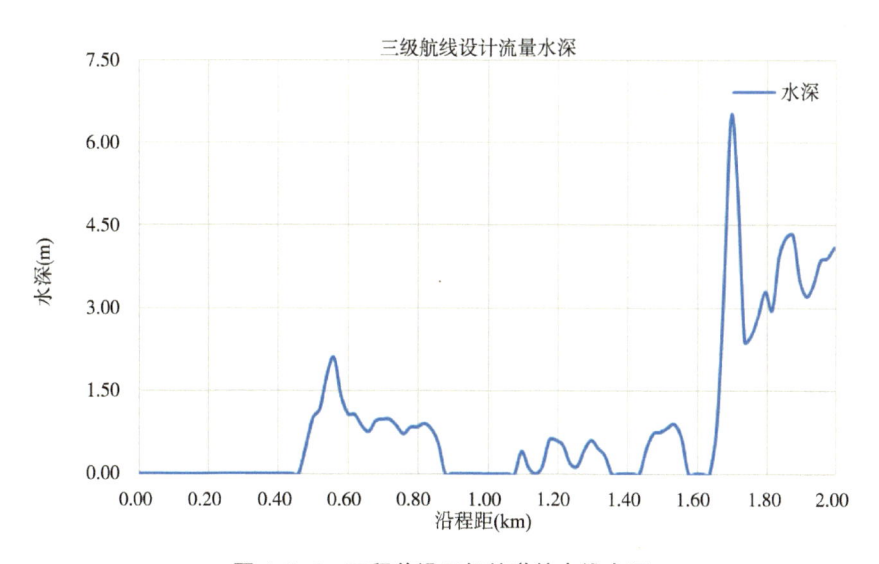

图 6.2-6　工程前沿三级航道航中线水深

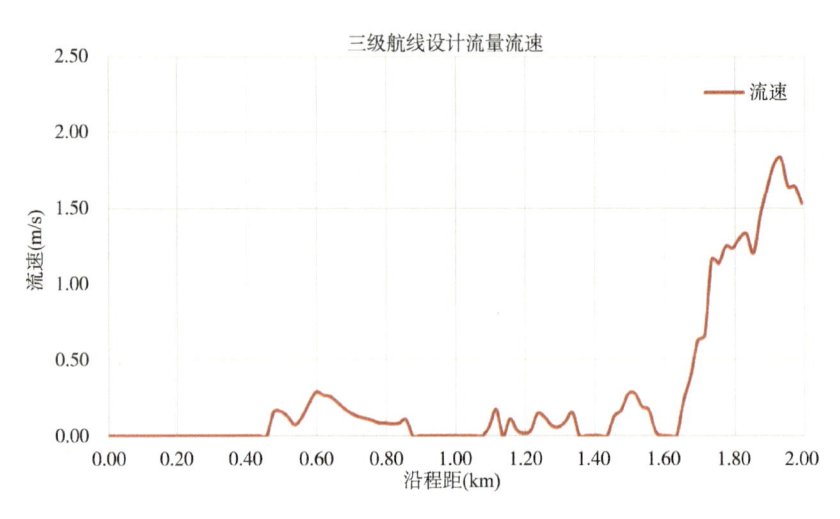

图 6.2-7　工程前沿三级航道航中线流速

6.2.2　设计流量栖息地适宜度

参照前文确定的黄颡鱼产卵适宜度准则,采用鱼类栖息地评价模型模拟分析设计流量 418 m³/s 条件下的水深、流速和组合适宜度规模和分布(图 6.2-8 至图 6.2-10)。

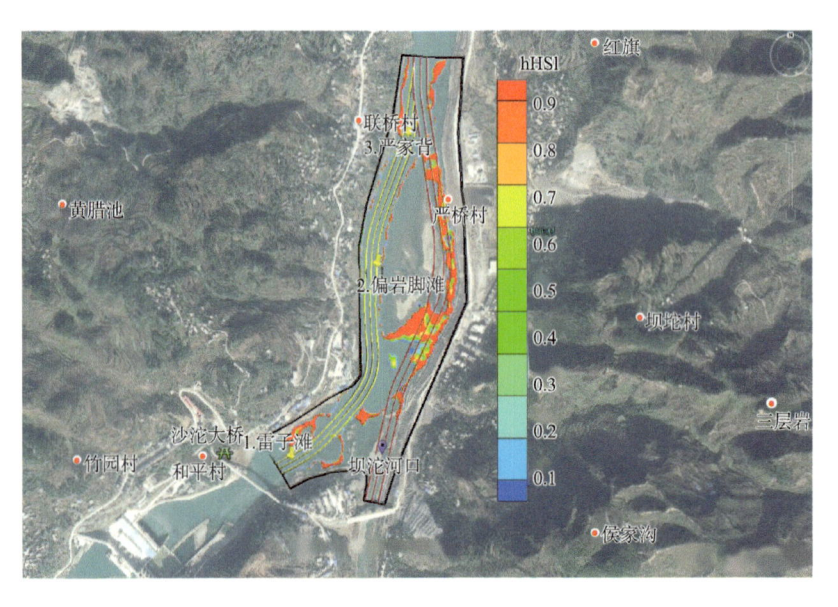

图 6.2-8　三级航道整治前水深适宜度分布

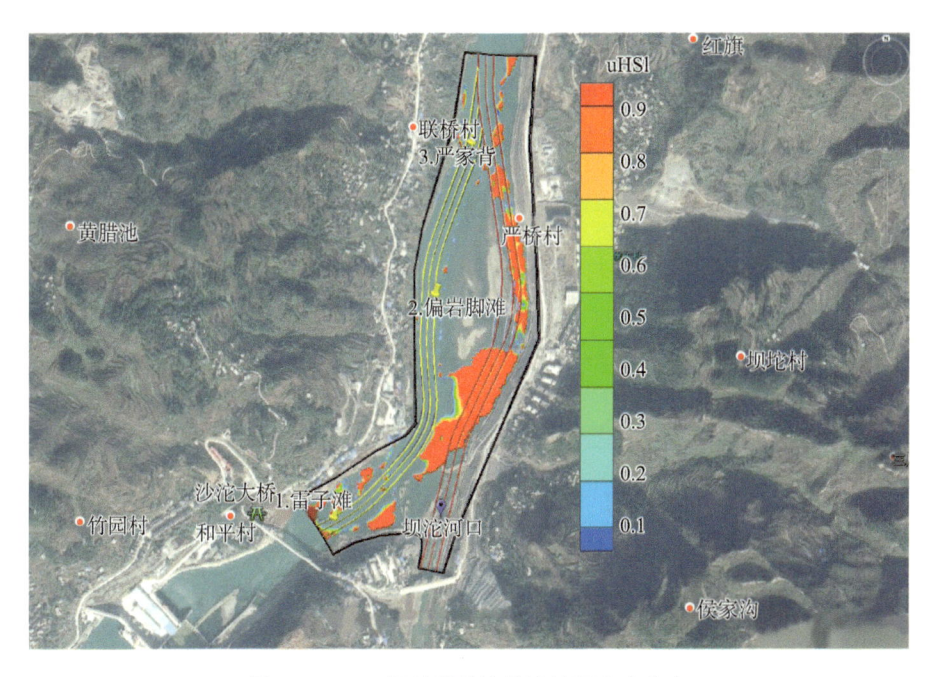

图 6.2-9　三级航道整治前流速适宜度分布

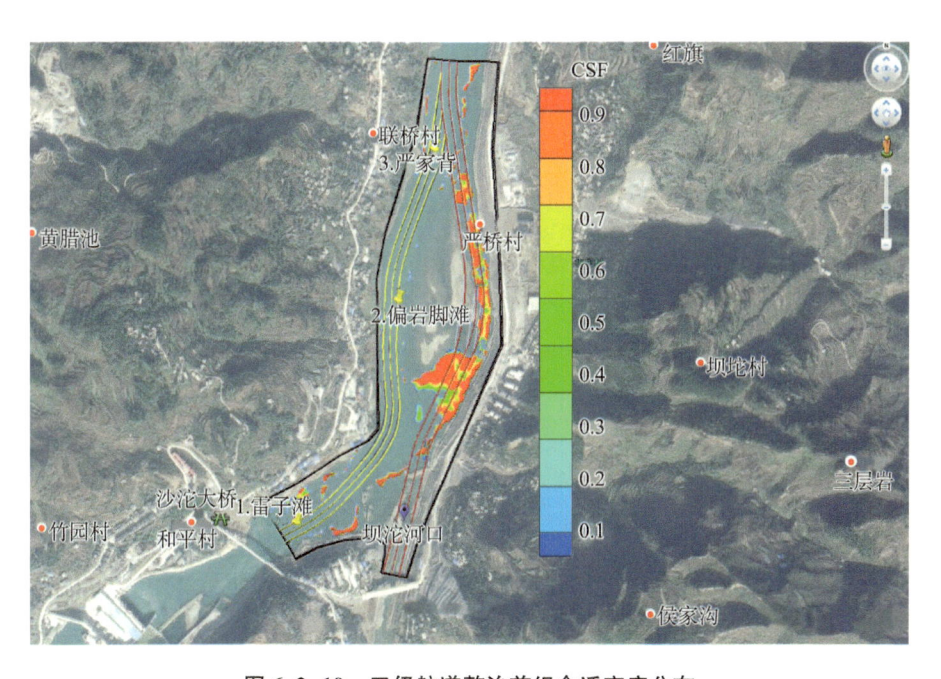

图 6.2-10　三级航道整治前组合适宜度分布

水深适宜度面积达 10.70 公顷,流速适宜度面积达 14.56 公顷。组合适宜度面积达 7.94 公顷,占整个研究滩段 77.12 公顷的 10.3%。适宜黄颡鱼产卵的栖息地主要分布在偏岩脚滩滩头和滩右汊。预计拟建的三级航道新开辟右汊通航,将会占用和破坏偏岩脚滩的黄颡鱼产卵栖息地,致使栖息地面积缩小和栖息地连续性变差。

6.3 设计方案模拟与评价

6.3.1 设计流量航道尺度与通航条件

为使目前的航道尺度满足拟建三级航道 3.0 m×60 m×480 m(航深×航宽×弯曲半径)的航道尺度,按传统航道整治方式,沿航线对航槽浚深,使偏岩脚滩航道尺度和水流条件满足三级航道 1 000 吨级船舶航行要求。

图 6.3-1 至图 6.3-3 分别为三级航道设计方案实施前后,设计流量条件下沿航中线的水面高程、水深和流速。从模拟结果可以看出,整治后水面平顺,全线水深满足 3.0 m 航深要求,开挖河段流速增加,全线流速不大于 1.5 m/s。

经过整治,尽管偏岩脚滩航道尺度与航槽内流速均达到了设计标准的要求,但滩头局部流态较差,特别是垂直于新开挖四级航道的横流,对船舶安全航行存在较大隐患。故在偏岩脚滩滩头沿新开航线方向修筑一潜堤,以改善航槽内横流影响。同时,为减轻偏岩脚滩滩头冲刷,沿洲头修筑导流坝。

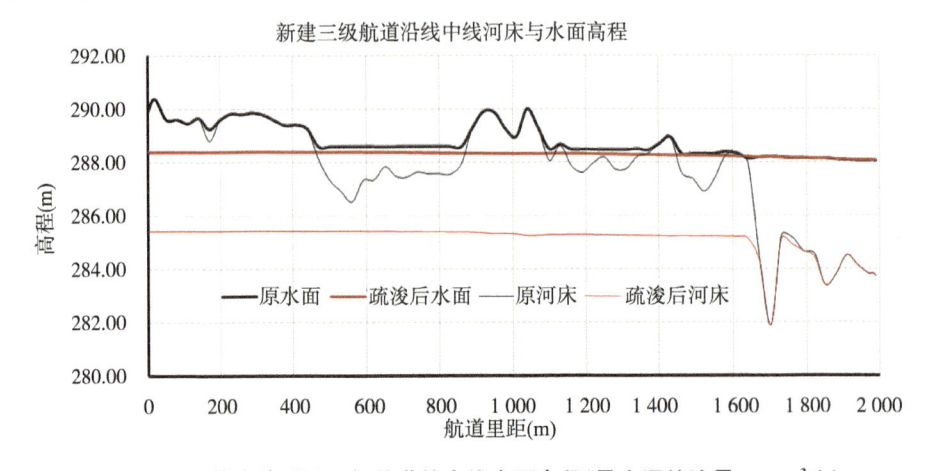

图 6.3-1 整治前后沿三级航道航中线水面高程(最小通航流量 418 m^3/s)

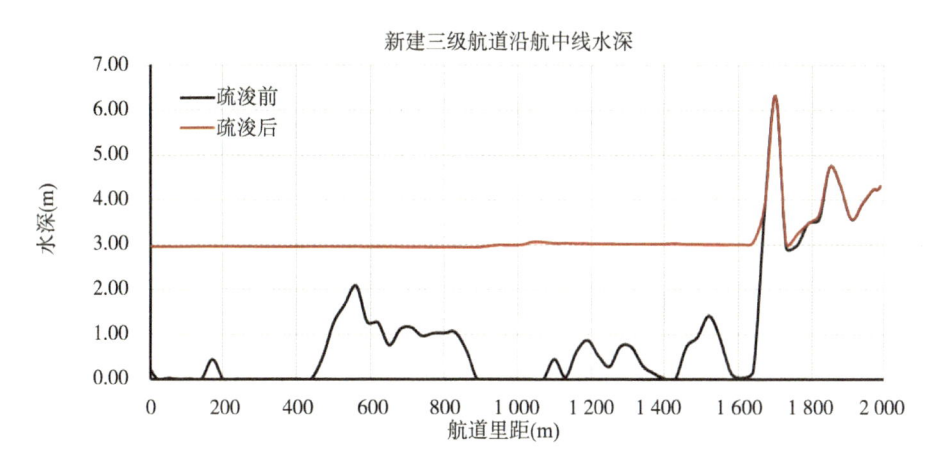

图 6.3-2　疏浚前后沿三级航道航中线水深(最小通航流量 418 m³/s)

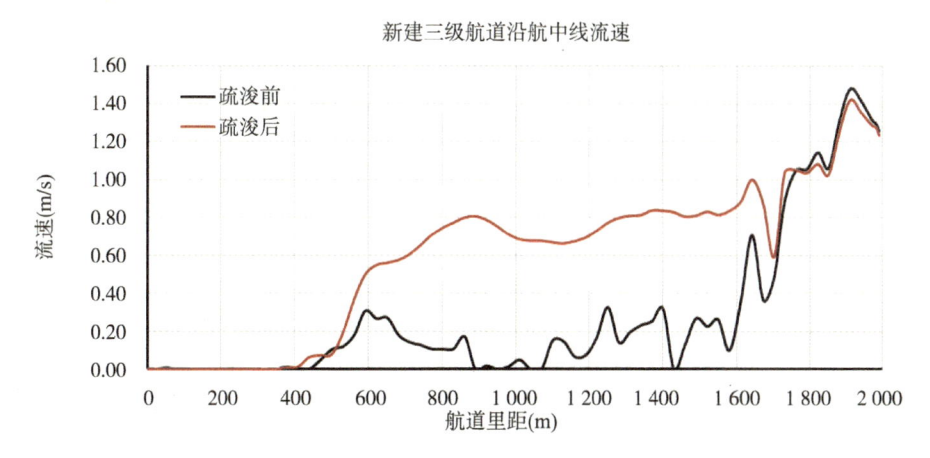

图 6.3-3　疏浚前后沿三级航道航中线流速(最小通航流量 418 m³/s)

图 6.3-4 至图 6.3-5 分别是 418 m³/s 和 5 000 m³/s 不同流量条件，未设置导堤与设置导堤情况下，偏岩脚滩滩头与新开挖右汊航槽附近的流场图。从图中可以看出，设置导堤后新开挖航槽内流速变小，对应横流有明显的消除。

(a) Case 0,未设置导堤　　　　　　　(b) Case 1,设置导堤

图 6.3-4　局部流场(最小通航流量 418 m³/s)

(a) Case 0,未设置导堤　　　　　　　(b) Case 1,设置导堤

图 6.3-5　局部流场(最高通航流量 5 000 m³/s)

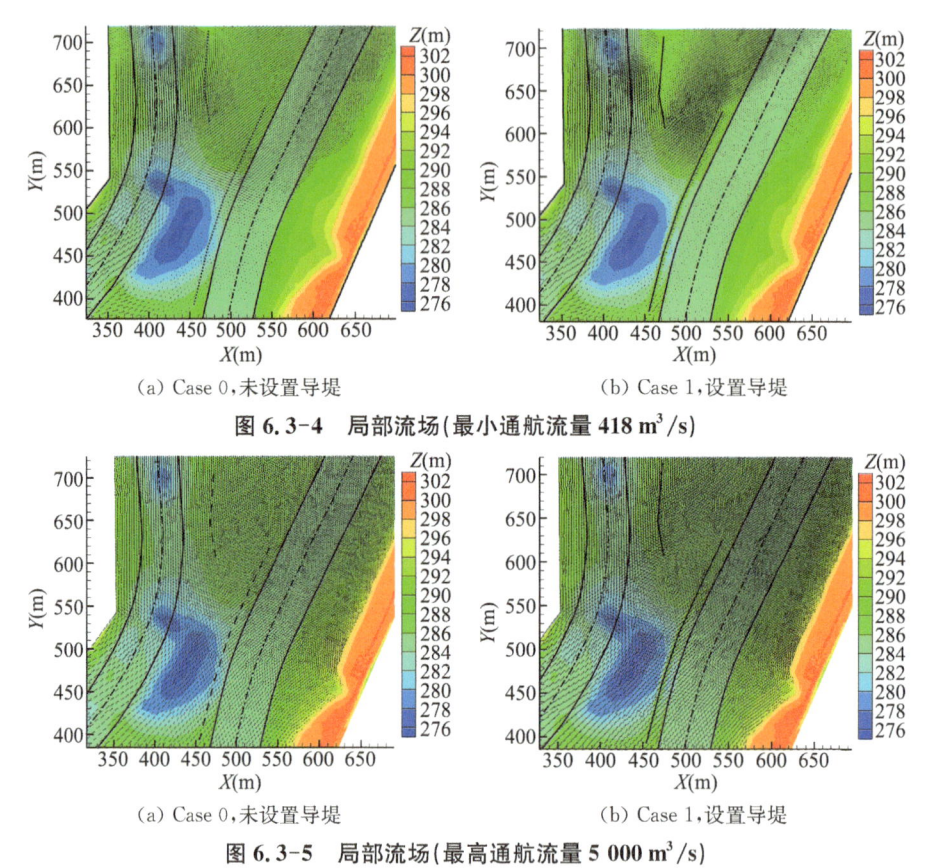

图 6.3-6 至图 6.3-7 分别是 418 m³/s 流量条件,未设置导堤与设置导堤情况下,新开挖右汊航槽内纵向流速和横向流速的大小和分布。从图中可以看出,设置导堤之后,纵向流速与横向流速均有减小,且大流速分布范围同样减小。

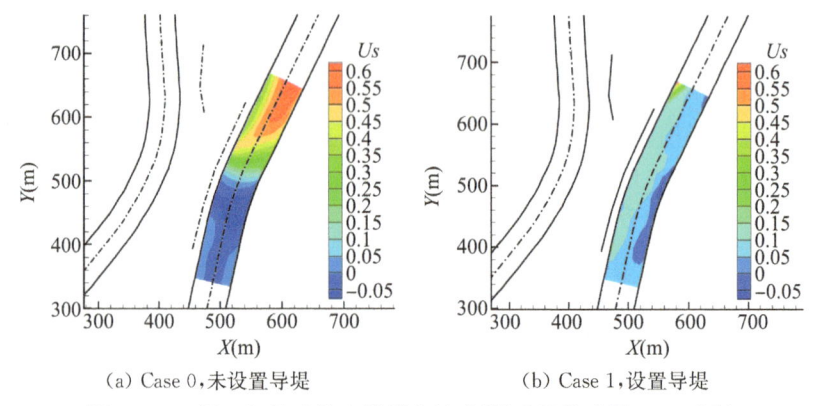

(a) Case 0,未设置导堤　　　　　　　(b) Case 1,设置导堤

图 6.3-6　沿三级航道航中线纵向流速(最小通航流量 418 m³/s)

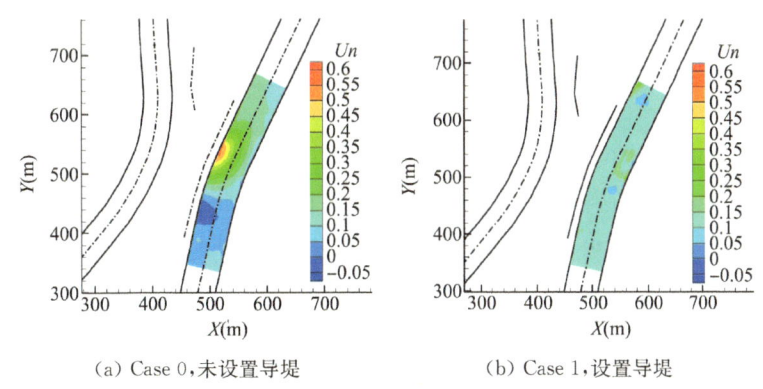

(a) Case 0,未设置导堤　　　　　　(b) Case 1,设置导堤

图 6.3-7　沿三级航道航中线横向流速(最小通航流量 418 m³/s)

图 6.3-8 至图 6.3-9 分别是 5 000 m³/s 流量条件,未设置导堤与设置导堤情况下,新开挖右汊航槽内纵向流速和横向流速的大小和分布。从图中可以看出,设置导堤之后,纵向流速与横向流速的流速分布变化不大,但流速大小有明显减弱。

(a) Case 0,未设置导堤　　　　　　(b) Case 1,设置导堤

图 6.3-8　沿三级航道航中线纵向流速(最高通航流量 5 000 m³/s)

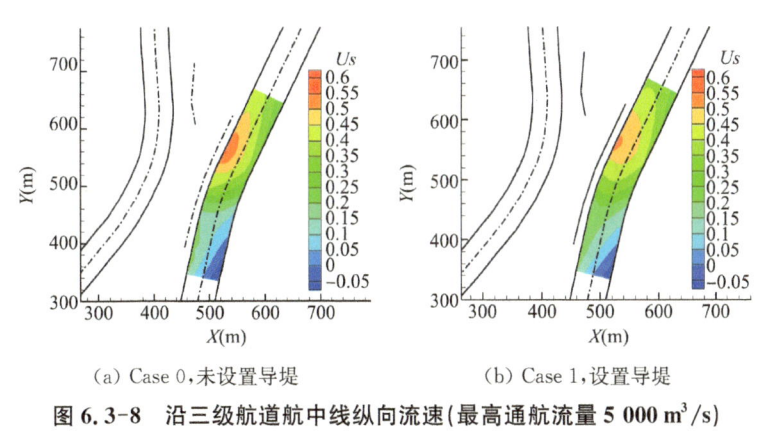

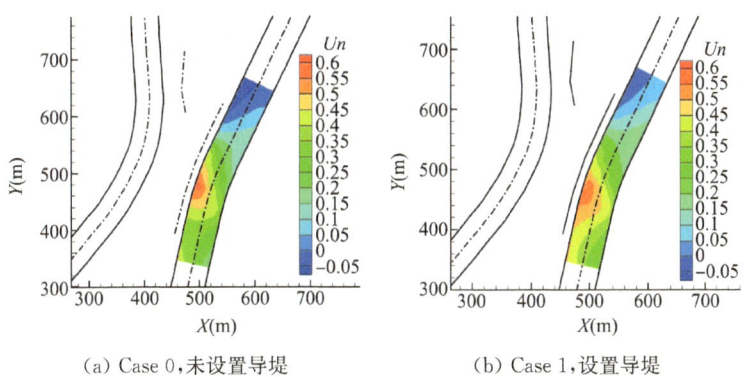

(a) Case 0,未设置导堤　　　　　　(b) Case 1,设置导堤

图 6.3-9　沿三级航道航中线横向流速(最高通航流量 5 000 m³/s)

6.3.2 黄颡鱼产卵栖息地评价

本节选取保护区典型河段偏岩脚滩,结合乌江三级航道工程,以航道开发与鱼类保护为目标,按传统航道整治和航道工程生态修复两个阶段、四个类别开展研究,模拟分析黄颡鱼产卵栖息地(5—7月中位流量)的规模与分布变化,论述各航道设计方案的优劣,为航道工程方案生态设计提供参考。

采用栖息地适宜度模型模拟分析18组流量级,4个类别方案,共72个工况的流速、水深和组合栖息地适宜度及适宜栖息地占比。表6.3-1是针对黄颡鱼产卵阶段栖息生境的模拟评价结果。从模拟结果可见,设计最低通航流量418 m^3/s 时,按传统航道整治方案,常规疏浚后组合适宜度为7.27%,增加局部整治措施后,组合适宜度降为6.97%,开展洲头栖息地修复和岸滩栖息地修复措施后,组合适宜度分别恢复至7.52%和7.54%,栖息地总体规模有所恢复。而黄颡鱼产卵季节(每年的5—7月),相比常规疏浚,增加了修复措施的航道治理方案对总体栖息地规模均有提升,其中6月平均流量1 480 m^3/s 下,提升最为明显,达到0.36%。

图6.3-10至图6.3-24分别是设计最低通航流量418 m^3/s,产卵季流量5月(1 071 m^3/s)、6月(1 480 m^3/s)和7月(1 853 m^3/s)对应4个类别设计方案研究滩段栖息地分布对比。可见设计最低通航流量下,经局部整治后,流速适宜度规模与分布范围均有大幅提升,但因沿偏岩脚滩右汊新开挖航槽,水深过深导致水深适宜度不能满足产卵要求,进而组合适宜度规模和范围受限于水深适宜度增加有限;洲头栖息地修复方案因在洲头布置U形整治坝体,增加了坝后适宜栖息生境规模,使栖息生境基本沿坝体走向分布,相比局部整治方案,组合栖息地规模略有增加,分布范围仍位于洲头附近。

产卵季5月中位流量1 071 m^3/s,因流量相对较大,适宜产卵的栖息生境基本沿江心洲四周呈线性或条状分布,不论是局部整治,抑或是洲头栖息地修复措施,对适宜栖息地规模与分布的影响有限,但从表6.3-1的栖息地规模统计中可见,相比传统整治方案,栖息地修复方案仍能提升适宜栖息地的总体规模。

随着流量进一步增加至产卵季6月中位流量1 480 m^3/s,水位上滩,江心洲被淹没,因江心洲上高程相对较高,反倒成为黄颡鱼适宜的产卵场地。当流量增加至产卵季7月中位流量1 853 m^3/s,因水位进一步上涨,流速增大,适宜黄颡鱼产卵的江心洲上面积变小,基本分布在洲中和洲尾附近,不同设计方案对栖息地规模与分布范围的影响较为有限,差别不明显,但相比传统整治方案,修复方案仍呈现有助于黄颡鱼产卵栖息地规模提升的趋势。

图 6.3-25 是黄颡鱼产卵栖息地规模大小与过滩流量大小之间的关系曲线，从关系曲线可见，栖息地规模随流量增加而波动，呈现出忽大忽小的变化过程，其中流量为 400 m³/s、900 m³/s 和 1 500 m³/s 时，产卵栖息地规模发生转折性变化。

当流量小于 400 m³/s 时，水流沿河道深槽内流动，随流量增加，淹没范围增加，适宜产卵的流速与水深范围增加，栖息地规模增加。

当流量大于 400 m³/s、小于 900 m³/s 时，河道深槽内流速增大、水深增加，适宜栖息地规模减小。

当流量大于 900 m³/s、小于 1 500 m³/s 时，随流量增加，水流溢出河道深槽，开始上滩，淹没江心洲和近岸边滩，此时适宜鱼类产卵的栖息地规模不断增加。

当流量大于 1 500 m³/s 时，江心洲滩地和近岸边滩被水流淹没，流速有较大增加，多数区域不再适宜鱼类产卵，适宜栖息地规模陡减，并且随着流量进一步增加，栖息地规模越来越小。

栖息地规模随河道流量波动变化基本反映出河道流量增加，水域淹没范围、流速变化与适宜栖息地规模波动的关系，基本可以看出，适宜鱼类产卵的栖息地基本位于水深较浅、流速较缓的近岸边滩、江心洲等位置，并且其分布与河道流量波动密切相关。

表 6.3-1 黄颡鱼产卵栖息地

计算工况	面积(公顷)流速适宜度	面积(公顷)水深适宜度	面积(公顷)组合适宜度	综合百分比
常规疏浚(沿三级航线开挖至 3.0 m)				
1	Case 0 228 下泄基流	14.40	6.46	4.32	5.61%
2	Case 0 418 最低通航	13.04	8.01	5.61	7.27%
3	Case 0 532 11 月	12.02	6.34	4.17	5.41%
4	Case 0 544 1 月	11.85	6.22	4.05	5.25%
5	Case 0 546 2 月	11.92	6.20	4.04	5.25%
6	Case 0 548 12 月	11.87	6.18	4.03	5.23%
7	Case 0 603 3 月	11.49	5.85	3.80	4.92%
8	Case 0 744 4 月	11.00	5.77	3.62	4.70%

续表

	计算工况	面积(公顷)流速适宜度	面积(公顷)水深适宜度	面积(公顷)组合适宜度	综合百分比
9	Case 0 771 10月	11.01	5.77	3.59	4.66%
10	Case 0 872 9月	11.04	5.77	3.44	4.46%
11	Case 0 1071 5月	10.83	6.33	3.73	4.83%
12	Case 0 1115 8月	10.83	6.51	3.83	4.97%
13	Case 0 1480 6月	12.57	9.33	6.11	7.92%
14	Case 0 1853 7月	7.26	5.63	2.05	2.65%
15	Case 0 2252 10月最大流量	3.83	2.58	1.39	1.80%
16	Case 0 2705 5月最大流量	2.39	2.10	1.00	1.29%
17	Case 0 3364 8月最大流量	2.14	1.62	0.78	1.01%
18	Case 0 5000 最高通航	2.23	1.24	0.53	0.69%
局部整治(治理航道横流、洲头守护)					
1	Case 1 228 下泄基流	17.68	6.49	3.59	4.65%
2	Case 1 418 最低通航	17.57	8.49	5.38	6.97%
3	Case 1 532 11月	14.24	6.50	4.29	5.57%
4	Case 1 544 1月	13.62	6.37	4.21	5.46%
5	Case 1 546 2月	13.64	6.35	4.22	5.47%
6	Case 1 548 12月	13.60	6.33	4.19	5.43%
7	Case 1 603 3月	13.27	5.95	3.93	5.10%
8	Case 1 744 4月	12.58	5.83	3.79	4.92%
9	Case 1 771 10月	12.31	5.83	3.74	4.85%
10	Case 1 872 9月	12.27	5.81	3.48	4.52%
11	Case 1 1071 5月	11.70	6.33	3.76	4.87%
12	Case 1 1115 8月	11.76	6.50	3.86	5.01%
13	Case 1 1480 6月	13.15	9.30	6.21	8.05%
14	Case 1 1853 7月	6.69	5.65	2.06	2.68%
15	Case 1 2252 10月最大流量	3.67	2.58	1.38	1.78%
16	Case 1 2705 5月最大流量	2.39	2.11	0.99	1.28%

续表

	计算工况	面积(公顷)流速适宜度	面积(公顷)水深适宜度	面积(公顷)组合适宜度	综合百分比
17	Case 1 3364 8月最大流量	2.14	1.62	0.78	1.01%
18	Case 1 5000 最高通航	2.22	1.24	0.53	0.69%
洲头栖息地修复(洲头浅水生境营造)					
1	Case 2 228 下泄基流	16.99	6.43	3.23	4.19%
2	Case 2 418 最低通航	17.58	8.39	5.80	7.52%
3	Case 2 532 11月	14.39	6.62	4.47	5.80%
4	Case 2 544 1月	13.77	6.47	4.37	5.67%
5	Case 2 546 2月	13.71	6.45	4.36	5.65%
6	Case 2 548 12月	13.72	6.43	4.34	5.63%
7	Case 2 603 3月	13.00	6.02	3.92	5.09%
8	Case 2 744 4月	13.11	5.94	3.90	5.06%
9	Case 2 771 10月	12.73	5.92	3.84	4.98%
10	Case 2 872 9月	12.59	5.88	3.59	4.66%
11	Case 2 1071 5月	12.14	6.32	3.84	4.98%
12	Case 2 1115 8月	12.05	6.49	3.95	5.13%
13	Case 2 1480 6月	13.26	9.29	6.38	8.28%
14	Case 2 1853 7月	6.69	5.67	2.08	2.70%
15	Case 2 2252 10月最大流量	3.63	2.58	1.37	1.78%
16	Case 2 2705 5月最大流量	2.36	2.11	0.98	1.28%
17	Case 2 3364 8月最大流量	2.12	1.62	0.77	0.99%
18	Case 2 5000 最高通航	2.21	1.23	0.53	0.68%
岸滩栖息地修复(岸滩浅水生境营造)					
1	Case 3 228 下泄基流	17.89	6.73	3.29	4.26%
2	Case 3 418 最低通航	17.56	8.38	5.82	7.54%
3	Case 3 532 11月	14.16	6.60	4.49	5.82%
4	Case 3 544 1月	13.76	6.47	4.38	5.68%
5	Case 3 546 2月	13.77	6.46	4.38	5.68%

续表

	计算工况	面积(公顷)流速适宜度	面积(公顷)水深适宜度	面积(公顷)组合适宜度	综合百分比
6	Case 3 548 12月	13.92	6.42	4.35	5.64%
7	Case 3 603 3月	13.10	6.03	3.99	5.18%
8	Case 3 744 4月	12.88	5.98	3.87	5.02%
9	Case 3 771 10月	12.79	5.95	3.83	4.97%
10	Case 3 872 9月	12.52	5.91	3.58	4.64%
11	Case 3 1071 5月	11.78	6.31	3.80	4.93%
12	Case 3 1115 8月	11.94	6.48	3.93	5.10%
13	Case 3 1480 6月	13.04	9.28	6.31	8.18%
14	Case 3 1853 7月	6.60	5.64	2.05	2.66%
15	Case 3 2252 10月最大流量	3.62	2.58	1.37	1.77%
16	Case 3 2705 5月最大流量	2.35	2.11	0.98	1.27%
17	Case 3 3364 8月最大流量	2.10	1.62	0.76	0.98%
18	Case 3 5000 最高通航	2.20	1.23	0.52	0.68%

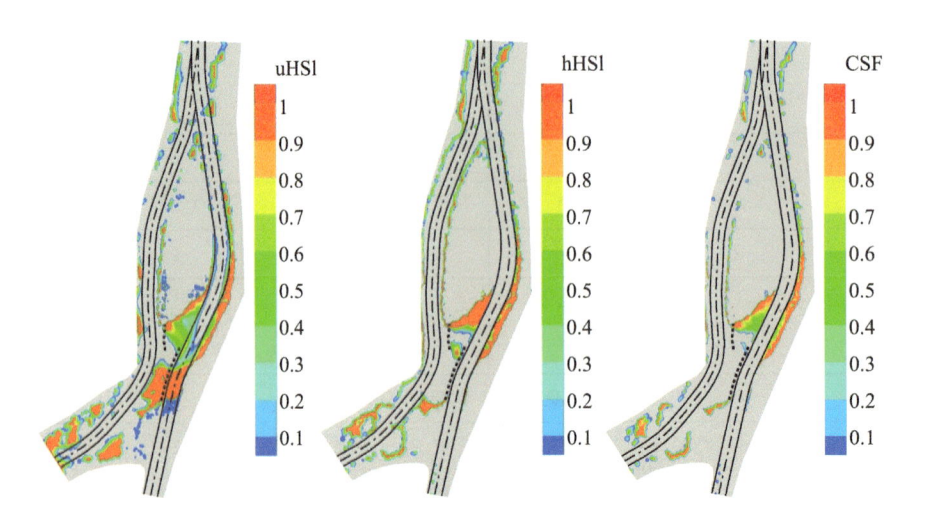

图 6.3-10 Case 0 黄颡鱼产卵栖息地流速、水深与组合适宜度分布(最低通航流量 418 m³/s)

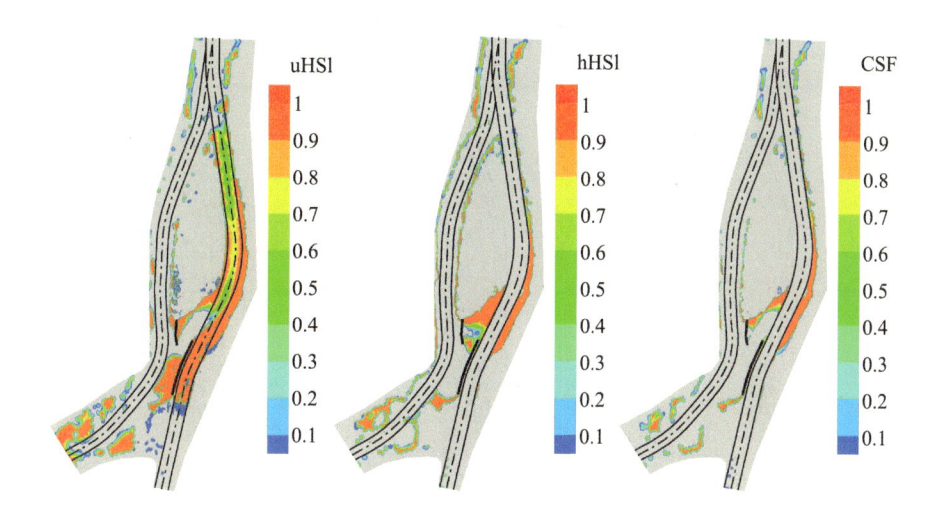

图 6.3-11　Case 1 黄颡鱼产卵栖息地流速、
水深与组合适宜度分布(最低通航流量 418 m³/s)

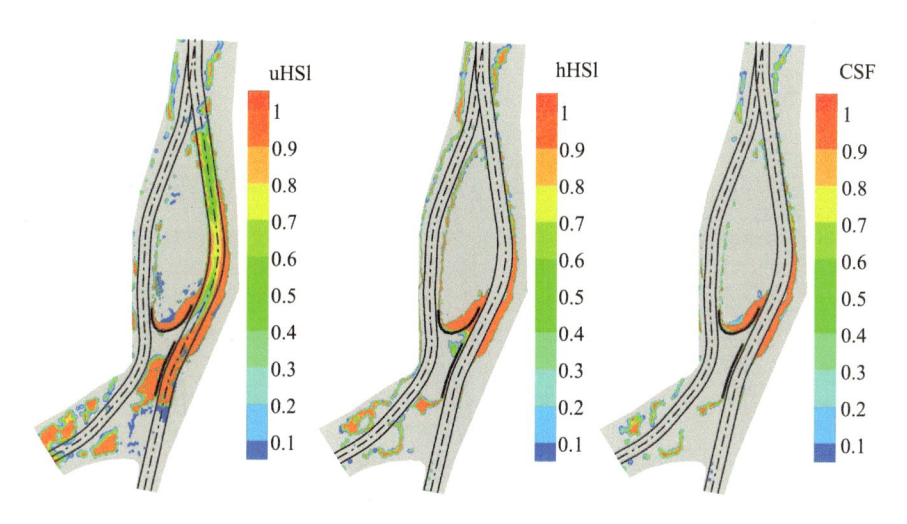

图 6.3-12　Case 2 黄颡鱼产卵栖息地流速、
水深与组合适宜度分布(最低通航流量 418 m³/s)

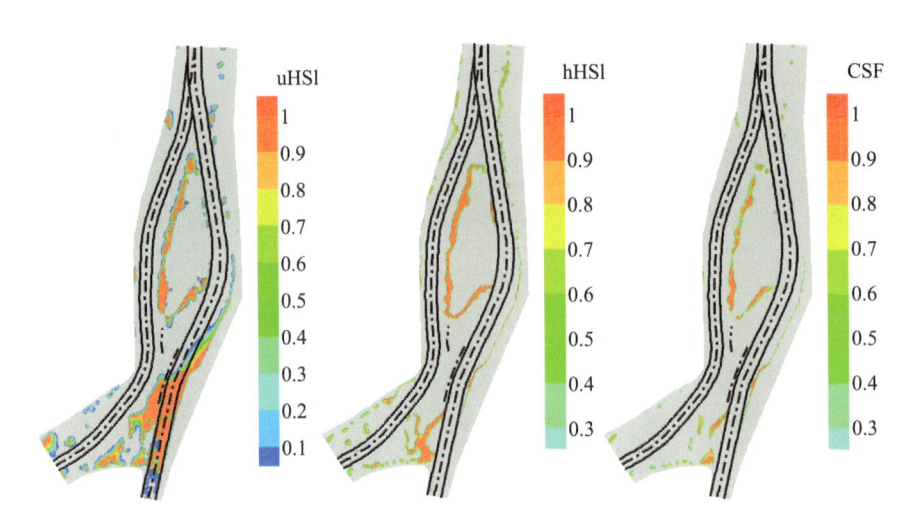

图 6.3-13　Case 0 黄颡鱼产卵栖息地流速、
水深与组合适宜度分布(产卵季 5 月中位流量 1 071 m³/s)

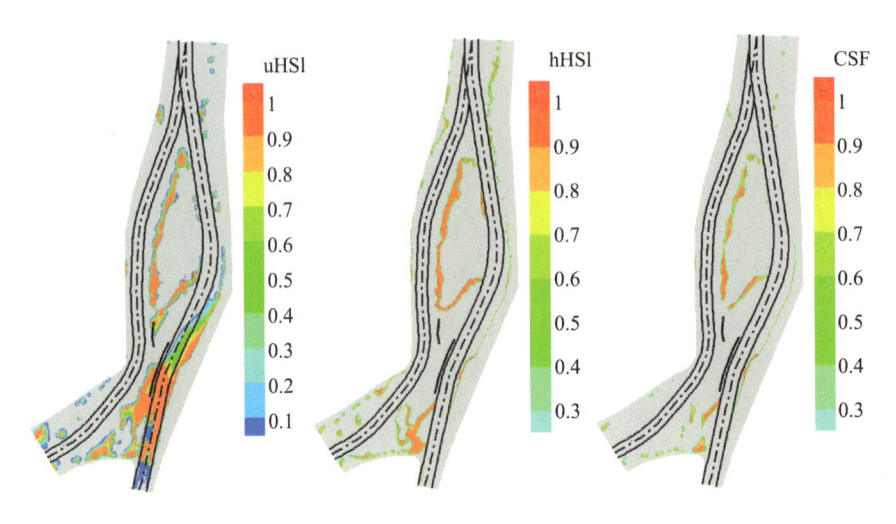

图 6.3-14　Case 1 黄颡鱼产卵栖息地流速、
水深与组合适宜度分布(产卵季 5 月中位流量 1 071 m³/s)

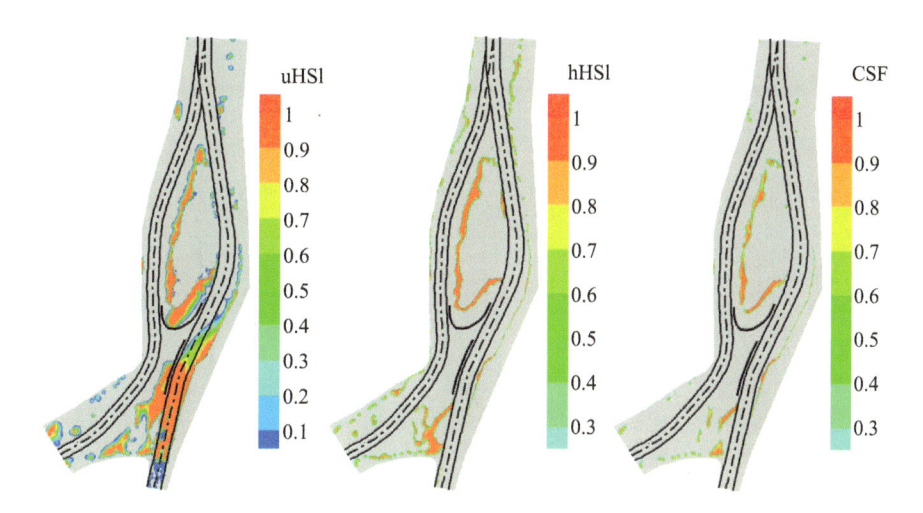

图 6.3-15 Case 2 黄颡鱼产卵栖息地流速、
水深与组合适宜度分布(产卵季 5 月中位流量 1 071 m³/s)

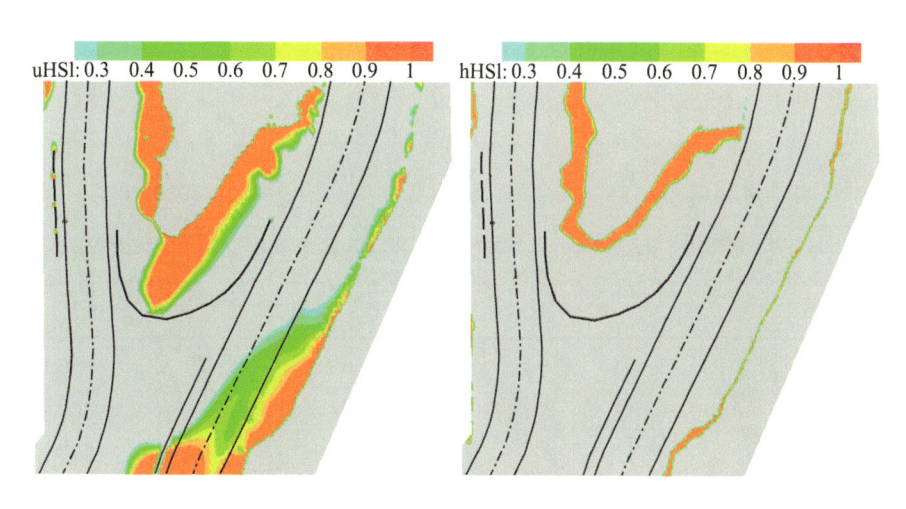

图 6.3-16 Case 3 黄颡鱼产卵栖息地流速、
水深与组合适宜度分布(产卵季 5 月中位流量 1 071 m³/s)

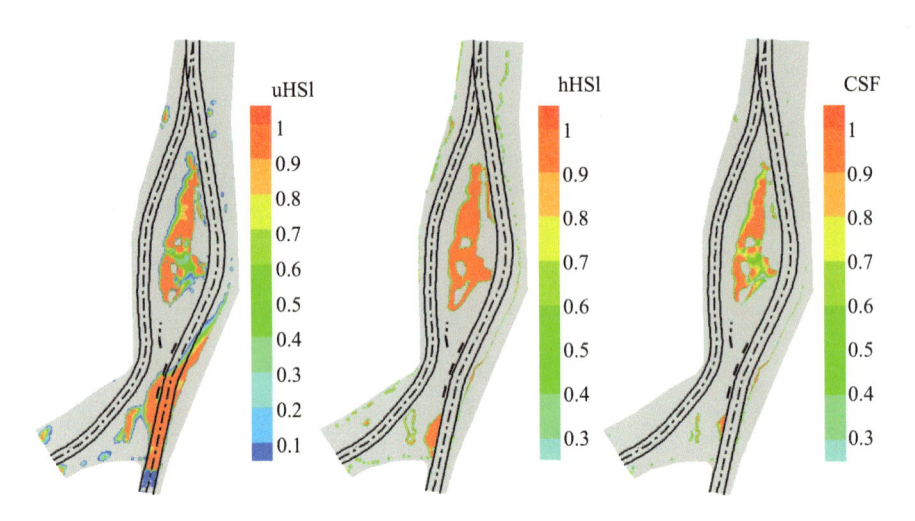

图 6.3-17 Case 0 黄颡鱼产卵栖息地流速、
水深与组合适宜度分布(产卵季 6 月中位流量 1 480 m³/s)

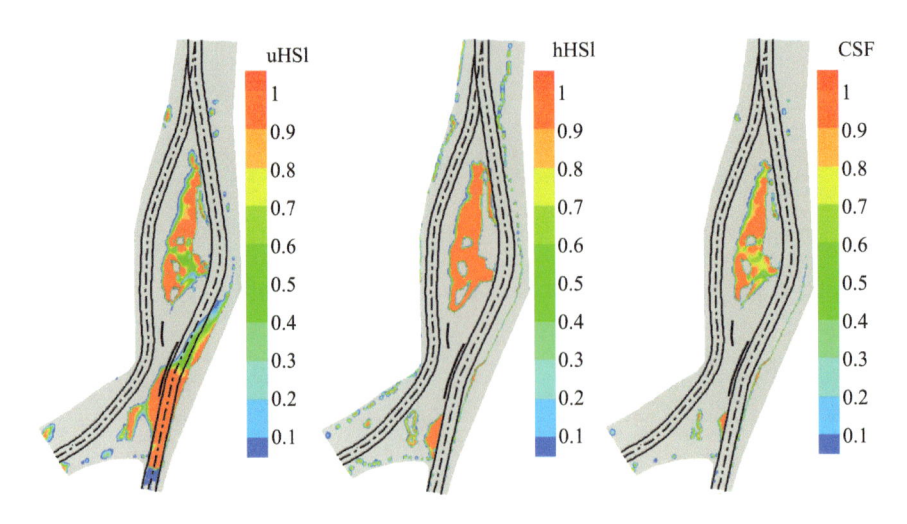

图 6.3-18 Case 1 黄颡鱼产卵栖息地流速、
水深与组合适宜度分布(产卵季 6 月中位流量 1 480 m³/s)

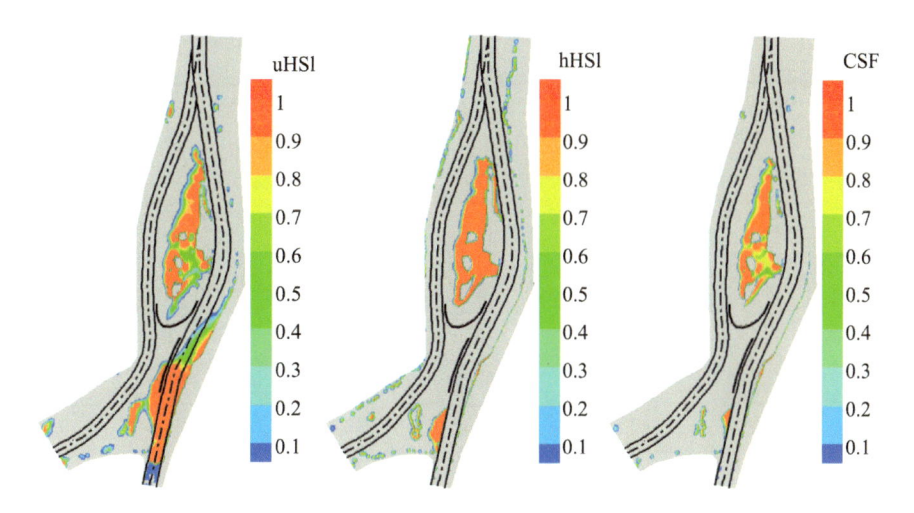

图 6.3-19　Case 2 黄颡鱼产卵栖息地流速、
水深与组合适宜度分布(产卵季 6 月中位流量 1 480 m³/s)

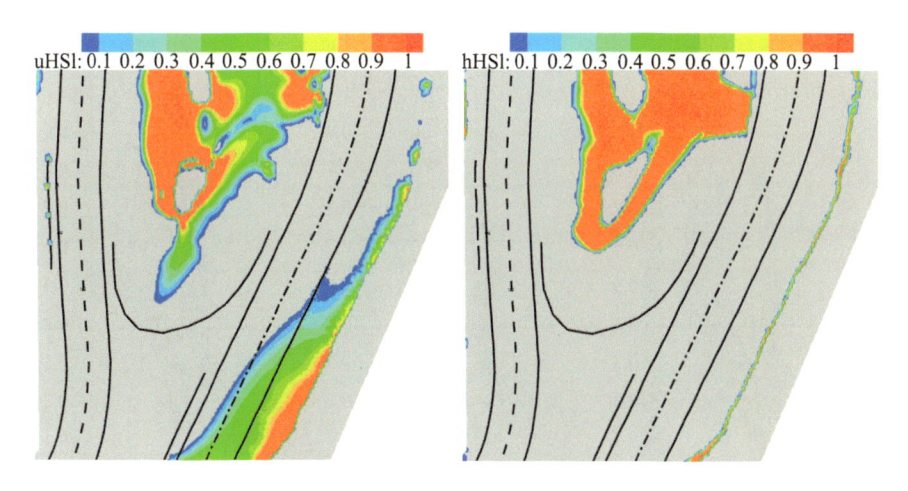

图 6.3-20　Case 3 黄颡鱼产卵栖息地流速、
水深与组合适宜度分布(产卵季 6 月中位流量 1 480 m³/s)

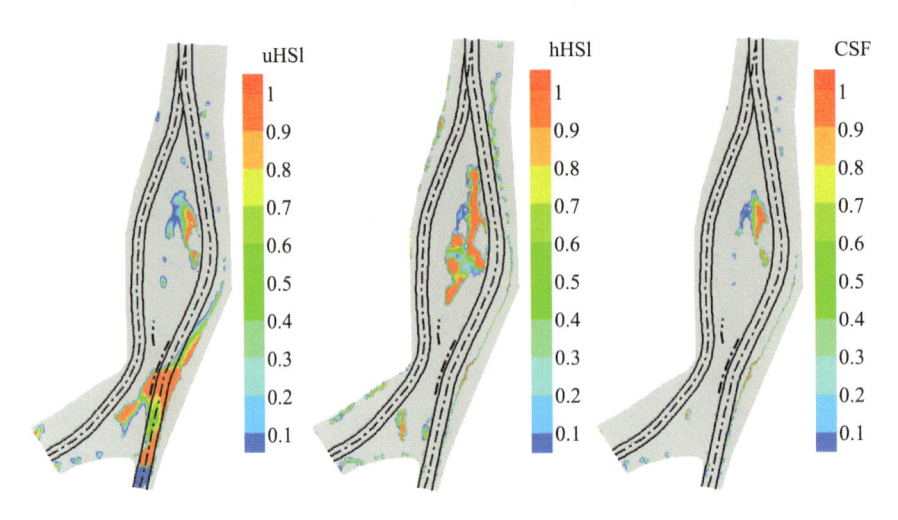

图 6.3-21 Case 0 黄颡鱼产卵栖息地流速、
水深与组合适宜度分布(产卵季 7 月中位流量 1 853 m³/s)

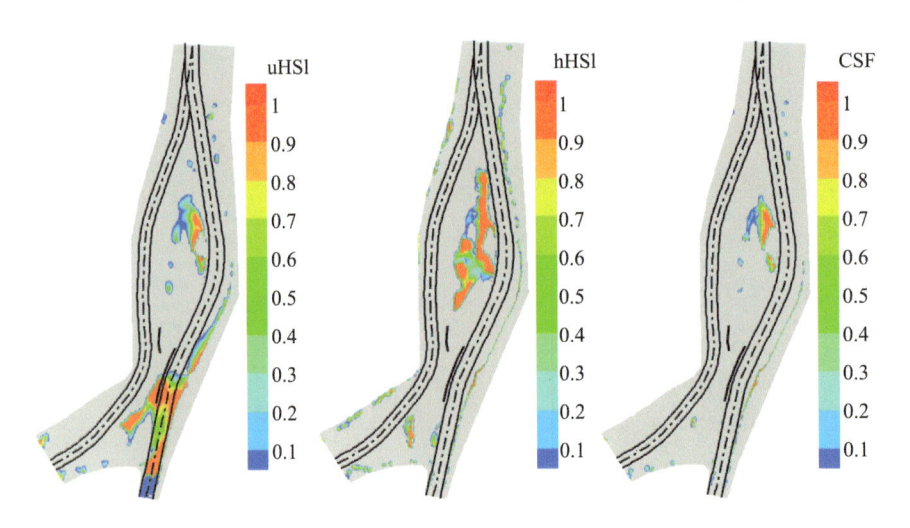

图 6.3-22 Case 1 黄颡鱼产卵栖息地流速、
水深与组合适宜度分布(产卵季 7 月中位流量 1 853 m³/s)

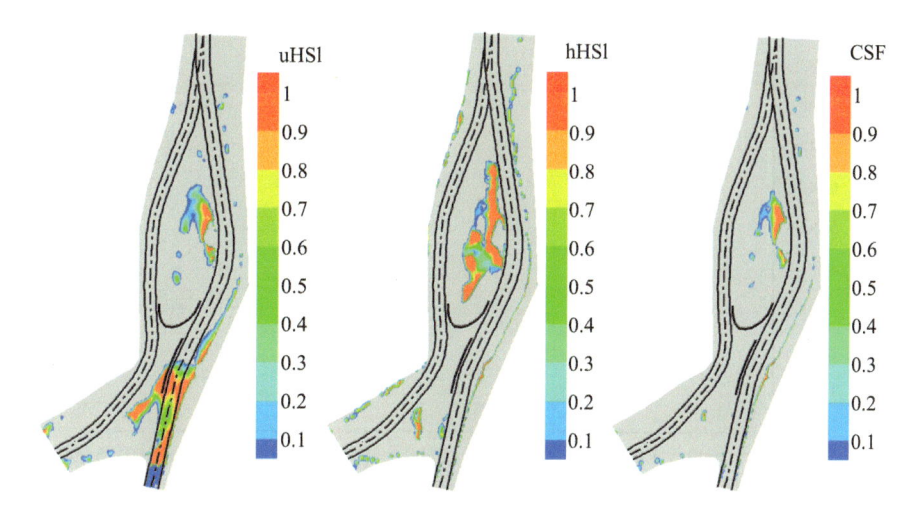

图 6.3-23　Case 2 黄颡鱼产卵栖息地流速、
水深与组合适宜度分布(产卵季 7 月中位流量 1 853 m³/s)

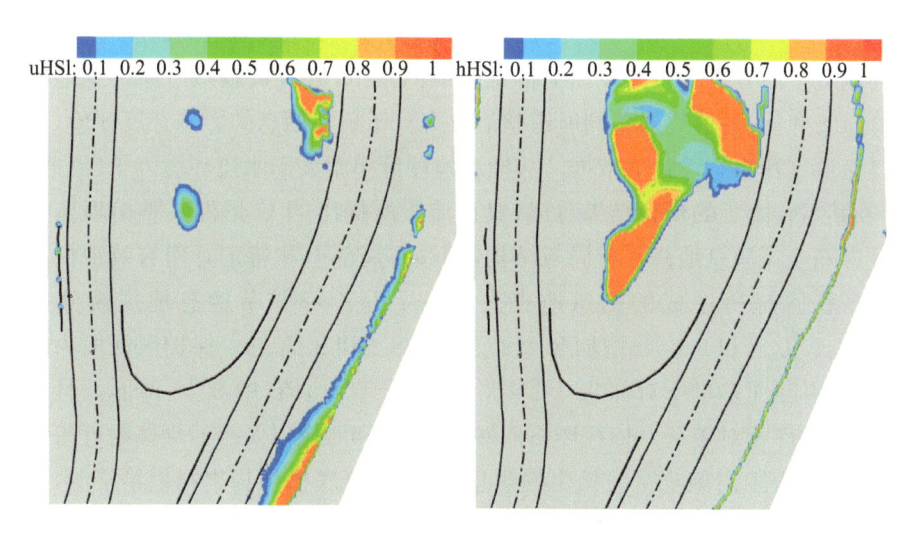

图 6.3-24　Case 3 黄颡鱼产卵栖息地流速、
水深与组合适宜度分布(产卵季 7 月中位流量 1 853 m³/s)

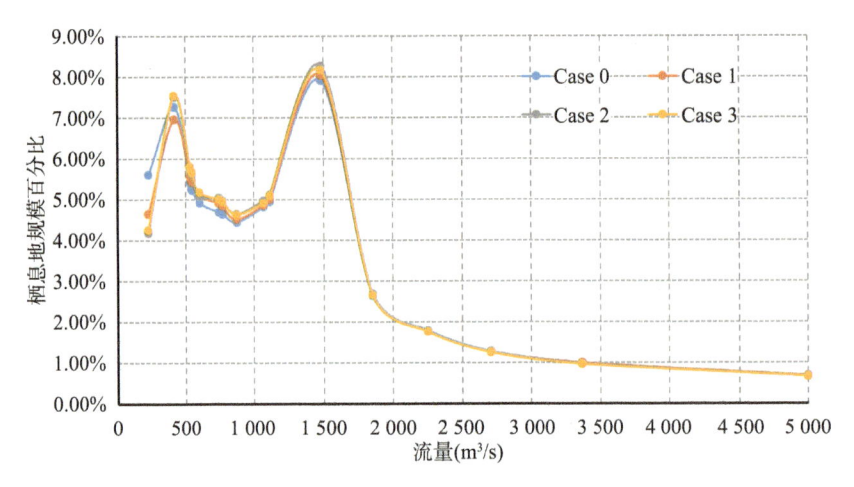

图 6.3-25　黄颡鱼产卵栖息地规模-流量关系

6.4　小结

本章选取乌江彭水库区库尾段典型滩段,针对该滩段航道的碍航特性,开展不同航道整治方案下该滩段鱼类栖息生境的模拟,分析黄颡鱼产卵栖息地规模和分布的变化,并最终对不同航道整治方案对于鱼类栖息的影响开展评价,作为支撑航道工程生态设计的依据。从栖息地评价模型关于水流环境因子(流速、水深)及其组合因子的量化结果看出,典型滩段所提出的 U 形洲头整治坝体和近岸开口隔流堤栖息地修复布局与结构,能够在局部上和特定月份有效地恢复因航道工程实施所造成的栖息地丧失。5—7 月产卵季节栖息地规模分别从 4.83%、7.92% 和 2.65% 增加至 4.98%、8.28% 和 2.70%。保护区河段为低山河谷,河谷断面多呈不对称的"U"字形,河型顺直,边滩、中洲少,滩面低且规模小,生境条件相对单一。依托卵石滩滩头、滩面和滩尾以及整治坝体附近等浅缓水域,通过人工措施丰富底栖生物栖息生境,恢复底栖生物饵料供给资源,对于促进鱼类资源增殖具有重要意义。

第七章

结论与建议

7.1 结论

本书针对航道整治工程对鱼类栖息生境的影响问题,以乌江航道提等扩能工程为依托,在明确工程位点鱼类生境条件关键因子及其适宜范围的基础上,以鱼类栖息生境的演化模拟为工具,以栖息地数量、结构和功能为评价原则,开展航道整治工程栖息地构建方法研究,从而指导航道整治工程布局和设计参数优化,为航道工程生态保护提供技术支撑和科学依据。得出的主要结论有:

(1) 乌江干流 1 000 吨级航道建设涉及国家级水产种质资源保护区 1 处,保护区核心区长度约 25.22 km,主要保护对象为黄颡鱼,基于以往水生态调查结果,研究河段水域鱼类以适应缓流和静水中繁殖,产沉(黏)性卵的鱼类为主。通过分析黄颡鱼生物学及其行为习性,结合所开展的航道整治工程类型,确定了以水深和流速为关键环境因子的栖息地适宜度范围,并分别针对黄颡鱼成鱼栖息地与产卵栖息地提出与其栖息习性相对应的适宜度指标。黄颡鱼产卵最佳水深范围 0.15~0.8 m,阈值水深范围 0.08~1 m,最佳流速范围 0.02~0.3 m/s,阈值流速范围 0~0.6 m/s。

(2) 以平面二维水动力数学模型为基础,以鱼类栖息地适宜度指标为桥梁,建立航道整治工程方案与鱼类生境保护间的定量关系,开展整治工程方案设计与优化,从而实现航道工程生态保护的目标。研究分别建立了以评价保护区河段栖息地总体规模的长河段数学模型和以评价典型滩段方案设计与优化的局部滩段数学模型,分别开展了航道整治效果、工程前后栖息地规模与工程方案优化等方面的分析评价。模型能够作为开展航道工程生态保护设计的有效工具为方案设计与优化提供参考与依据。鱼类栖息地评价水动力模型既能够精确模拟滩段工程前后的水动力场变化,为航道工程方案设计提供支撑,又能基于黄颡鱼产卵和成鱼栖息地需求,评价分析适宜鱼类产卵生命史阶段栖息地规模与分布状况,从而对航道工程方案进行生态优化。

(3) 从栖息地评价模型关于水流环境因子(流速、水深)及其组合因子的量化结果看出,保护区江段栖息地规模随流量增加而减少,开挖工程实施前后栖息地规模变化不大,适宜栖息地主要集中在偏岩脚滩和猫滩等有较大浅滩、水深较浅、流速多样的河段。典型滩段所提出的 U 形洲头整治坝体和近岸开口隔流堤栖息地修复布局与结构,能够在局部上和特定月份有效地恢复因航道工程实施所造成的栖息地丧失。5—7 月产卵季节栖息地规模分别从 4.83%、7.92% 和

2.65%增加至4.98%、8.28%和2.70%。保护区河段为低山河谷,河谷断面多呈不对称的"U"字形,河型顺直,边滩、中洲少,滩面低且规模小,生境条件相对单一。依托卵石滩滩头、滩面和滩尾以及整治坝体附近等浅缓水域,通过人工措施丰富底栖生物栖息生境,恢复底栖生物饵料供给资源,对于促进鱼类资源增殖具有重要意义。

7.2 建议

(1) 鱼类栖息地评价数学模型所参照与提出的航道工程方案及其优化方案,还需要结合最终的航道工程设计方案与物理模型试验的验证,建议尽快开展保护区河段重点滩段航道工程方案设计与航道整治物理模型试验研究,进而实现数学模型与物理模型两种研究手段相互补充。

(2) 保护区河段前期的水生态调查重点针对水生生物资源量与分布密度的调查,较少关注代表鱼类及其重要饵料供给底栖生物栖息生境的内容,建议后期水生态调查结合航道整治方案相关的工程位点,有针对性地开展对整治坝体缓流区、疏浚弃渣区的重点调查。

参考文献

[1] 高越.内河航运的地位不可替代[J].交通与运输,2011,27(3):27.

[2] 钮新强.长江黄金水道建设关键问题与对策[J].中国水运,2015(6):10-12.

[3] 刘怀汉,杨胜发,曹民雄.长江黄金航道整治技术研究构想与展望[J].工程科学与技术,2017,49(2):17-27.

[4] 钮新强.建设三峡水运新通道提升黄金水道支撑力[J].长江技术经济,2018,2(2):47-52.

[5] 陈进,刘志明.近20年长江水资源利用现状分析[J].长江科学院院报,2018,35(1):1-4.

[6] 水利部长江水利委员会.长江流域及西南诸河水资源公报(2017)[M].武汉:长江出版社,2017.

[7] 周冠伦.航道工程手册[M].北京:人民交通出版社,2004.

[8] 逢勇,陈茜,李雨晨.长江干流航道整治工程对生态环境影响分析及需重点研究的方向[J].教育教学论坛,2015(17):59-63.

[9] 曹民雄,申霞,黄召彪,等.长江南京以下深水航道生态建设与保护技术及措施[J].水运工程,2018(7):1-9.

[10] 许鹏山,许乐华.甘肃省生态航道建设思考[J].水运工程,2010(9):87-91.

[11] 陈一瑶,施俊羽,周薛凯.生态航道建设的现状及发展趋势分析[J].中国水运(下半月),2014,14(11):78-79.

[12] 熊学斌.为建设长江经济带提供坚强有力的支撑[J].水运工程,2014(11):1-3.

[13] 刘均卫.长江生态航道发展探析[J].长江流域资源与环境,2015,24(S1):9-14.

[14] 闵凤阳,黄伟,王家生,等.浅谈生态河道治理与生态航道建设的关系[J].中国水运·航道科技,2016(2):6-9.

[15] 李天宏,丁瑶,倪晋仁,等.长江中游荆江河段生态航道评价研究[J].应用

基础与工程科学学报,2017,25(2):221-234.

[16] 董哲仁,孙东亚,等.生态水利工程原理与技术[M].北京:中国水利水电出版社,2007.

[17] 唐涛,蔡庆华,刘建康.河流生态系统健康及其评价[J].应用生态学报,2002(9):1191-1194.

[18] 王薇,李传奇.河流廊道与生态修复[J].水利水电技术,2003(9):56-58.

[19] 雷国平.长江生态航道建设关键技术需求研究[J].中国水运·航道科技,2016(3):14-19.

[20] 李天宏,薛晶,夏炜,等.组合赋权法-木桶综合指数法在长江生态航道评价中的应用[J].应用基础与工程科学学报,2019,27(1):36-49.

[21] 严登华,窦鹏,崔保山,等.内河生态航道建设理论框架及关键问题[J].北京师范大学学报(自然科学版),2018,54(6):755-763.

[22] 朱孔贤,蒋敏,黎礼刚,等.生态航道层次分析评价指标体系初探[J].中国水运·航道科技,2016(2):10-14.

[23] PRIDAL D, ENGINEER H, ENGINEERS USACO, et al. Evaluation of shallow water habitat construction methods on the Missouri River[C]. 2nd Joint Federal Interagency Conference, Las Vegas, NV, June 27-July 1, 2010.

[24] 李卫明,陈求稳,黄应平.基于物理模型实验的光倒刺鲃生态行为学研究[J].生态学报,2011,31(5):1404-1411.

[25] PAPANICOLAOU A N, ELHAKEEM M, DERMISIS D, et al. Evaluation of the Missouri River shallow water habitat using a 2D-hydrodynamic model [J]. River Research and Applications, 2011, 27(2): 157-167.

[26] KOLDEN E, FOX B D, BLEDSOE B P, et al. Modelling Whitewater Park hydraulics and fish habitat in Colorado [J]. River Research and Applications, 2016, 32(5): 1116-1127.

[27] LI W, CHEN Q, CAI D, et al. Determination of an appropriate ecological hydrograph for a rare fish species using an improved fish habitat suitability model introducing landscape ecology index[J]. Ecological Modelling, 2015(311): 31-38.

[28] 李作良,邢岩,吕彪,等.基于DPSIR模型的内河航道工程关键生态指标体系研究[J].中国水运,2020,20(11):81-83.

[29] FRISSELL C A, LISS W J, WARREN C E, et al. A hierarchical framework for stream habitat classification: viewing streams in a watershed context[J]. Environmental Management, 1986(10):199-214.